Generis

PUBLISHING

LES EXERCICES SPIRITUELS POUR CES TEMPS REDOUTÉS ET REDOUTABLES

Pascal NSONGUI PEG

CIP a Camerei Naţionale a Cărţii

Nsongui Peg, Pascal

Les exercices spirituels pour ces temps redoutés et redoutables / Pascal Nsongui Peg. – Chişinău : Generis Publishing (Online Marketing Group), 2020 (Print on Demand). – 117 p.

ISBN: 978-9975-3421-0-0

27-29

N 92

Cover Image: www.pixabay.com

Online orders: www.generis-publishing.com
Orders by email: info@generis-publishing.com

Tous les passages cités sont tirés de la Bible de Jérusalem et de la Bible de Louis Segond.

***Job22 :27* « *Tu le prieras, et il t'exaucera, et tu accompliras tes vœux.* »**

Jérémie3 :15 « *Je vous donnerai des bergers selon mon cœur, Et ils vous paîtront avec intelligence et avec sagesse.* »

Actes26 : 17-18 « *Je t'ai choisi du milieu de ce peuple et du milieu des païens, vers qui je t'envoie, afin que tu leur ouvres les yeux, pour qu'ils passent des ténèbres à la lumière et de la puissance de Satan à Dieu, pour qu'ils reçoivent, par la foi en moi, le pardon des péchés et l'héritage avec les sanctifiés.* »

2Ti 4 :1-4 « *1 Je t'en conjure devant Dieu et devant Jésus-Christ, qui doit juger les vivants et les morts, et au nom de son apparition et de son royaume, 2 prêche la parole, insiste en toute occasion, favorable ou non, reprends, censure, exhorte, avec toute douceur et en instruisant. 3 Car il viendra un temps où les hommes ne supporteront pas la saine doctrine; mais, ayant la démangeaison d'entendre des choses agréables, ils se donneront une foule de docteurs selon leurs propres désirs, 4 détourneront l'oreille de la vérité, et se tourneront vers les fables.* »

Jer17 :14 « *Guéris-moi, Eternel, et je serai guéri; Sauve-moi, et je serai sauvé; Car tu es ma gloire* »

Jer17 :18 « *Que mes persécuteurs soient confus, et que je ne sois pas confus; Qu'ils tremblent, et que je ne tremble pas, moi! Fais venir sur eux le jour du malheur, Frappe-les d'une double plaie!* »

Je dédie ce livre à mon Seigneur et Sauveur Jésus-Christ, qui par son Esprit Saint, m'a inspiré et révélé son écriture. A la très Sainte Vierge Marie, mère de mon Seigneur et ma mère qui me soutient dans toutes mes initiatives et mes projets, et au peuple de Dieu qui trouvera aide, réconfort et soulagement via les enseignements et les prières qui sont dans ce livre.

INTRODUCTION

La haine, la méchanceté, l'égoïsme, l'intolérance, la violence, le mensonge etc… sont les maux majeurs de l'humanité d'aujourd'hui. Du jamais vu ! Savons-nous au moins là où nous allons ? Non j'ai l'impression, parce que chaque jour qui passe l'humanité fait un grand bond vers sa destruction, une destruction sans précédent. On n'est plus en sécurité nulle part dans le monde, et des hommes meurent par dizaine de milliers tous les jours. C'est l'horreur, c'est la terreur et nous avons déjà fait le pas qu'il faut pour commencer la 3ème guerre mondiale. Conséquence d'un monde sans Dieu.

Cependant Dieu n'a pas encore dit son dernier mot et à cause de toi, le Seigneur Dieu peut en sauver plusieurs. A cause de toi Dieu peut sauver ta famille, ton village, ta ville, ton pays et même le monde entier.

Jamais le mal n'avait atteint ces proportions sur la terre et jamais après **ces temps** le mal n'atteindra ces proportions encore sur la terre. Alors Satan semble jouer son va-tout. A cet effet, j'interpelle donc les chrétiens du monde entier pour faire écran au mal et aux projets d'autodestruction du monde par Satan.

Réveillons nous, ouvrons nos yeux et regardons ce qui se passe. Dressons nous comme un seul homme et avec le Saint-Esprit changeons la donne. La stratégie est simple : Prières, Charité et Pénitence. Cela doit passer par l'évangélisation des masses, par la démonstration de la puissance de la prière et de la miséricorde de Dieu, par le retour à la vertu, à la morale, à l'éducation civique, aux respects de la vie, etc… Il faudrait également se retourner vers La Très Sainte Vierge Marie si nous voulons la victoire car c'est par son Cœur Immaculé que la victoire viendra sur les légions du mal d'aujourd'hui.

Il est écrit, « *là où le mal abonde, la grâce surabonde* ». Il suffit de se repentir véritablement, d'accepter Dieu ou de retourner à Lui pour être rempli du Saint Esprit et devenir ainsi un de ses soldats.

Les enseignements et les prières de ce livre nous aideront à comprendre pourquoi nous sommes sur terre, comment combattre les ennemis de Dieu et des hommes, et comment convoquer la miséricorde de Dieu. Ils nous aideront également à comprendre en profondeur les liens qui nous lient à nos ancêtres, et ils nous enseignent comment rétablir l'harmonie avec eux. Ils nous enseignent aussi comment il faut faire pour apaiser le Saint Esprit par rapport au péché qui énerve le plus Dieu en ce moment c'est-à-dire l'avortement des bébés et en fin ils nous montrent comment faire la guerre sainte et obtenir justice et restauration de la part de l'Eternel des Armées. Ce livre « *les exercices spirituels pour ces temps redoutes et redoutables* » est pour ceux-là et pour tous ceux qui, inspirés ou non, veulent connaître l'efficacité de la prière, revêtir les armes redoutables pour faire face aux tentations et aux adversités du mauvais et de ses suppôts. Le prophète Elie était seul face aux quatre cent cinquante prophètes de Baal (1Roi18 :22) et il eut le dessus parce qu'il était resté ferme et fidèle au seul et véritable Dieu (1Roi18 :36-39). Revenez donc à Dieu dans la prière, la pratique de l'amour et de la vérité. Priez fort et sans cesse, et celui qui Est demeurera à vos côtés. L'heure de la victoire a sonné pour vous, car Dieu est désormais avec nous, Il a repris la main et s'Il est avec nous, qui peut être contre nous? Préparons-nous à entrer dans la nouvelle ère que prépare le Créateur pour ses enfants et ses élus.

Iᵉʳᵉ Partie : IMPORTANCE DE LA PRIERE, DU JEÛNE ET DE LA PAROLE DE DIEU

Chapitre I:
LA PRIERE

I.1 LA PRIERE

C'est une communication à double sens entre un émetteur (l'Homme) et un récepteur (Dieu). C'est une supplication adressée à une divinité, à une instance, mais c'est aussi une puissance, une obligation (Luc18:1), la voie de la solution.

I.2 POURQUOI FAUT-IL PRIER ?

La prière nous permet de rester en communication avec Dieu, comme les branches sont attachées à l'arbre. Si vous arrêtez de prier vous devenez semblables aux branches d'un arbre qui sèchent parce qu'elles ne tirent plus de l'arbre leur substance vitale. Il faut aussi prier parce que c'est un commandement (1Thes5:17), parce que la prière nous remplit de puissance (Daniel2:14-19), nous apporte des révélations (Jeremie33 :3) et aussi des interventions divines (Actes12:5-7 ; Ps50:15). La pratique de la prière vous apportera les douze fruits du Saint-Esprit qui sont : Charité, paix, joie, patience, bienveillance, bonté, douceur, indulgence, foi, modestie, continence et chasteté.

I.3   QU'EST-CE QUI PEUT TUER LA PRIERE ?

a)   Les péchés non confessés (Ps66:18 ; Jer31:34)
b)   Le manque de foi (Jac1:5-8 ; Mc6:1)
c)   La désobéissance (Jn3:21-23)
d)   Le manque de pardon (Mt6 :14-15)
e)   La fierté et l'égoïsme (1Sam4:3-6)
f)   La volonté insoumise (Jos15:7)
g)   Les idoles dans ton cœur (Ez14 :3)
h)   Les péchés mortels ou les sept péchés capitaux qui sont :
- L'orgueil qui est une appréciation non restreinte de notre propre mérite.
- L'avidité, désir immodéré des biens terrestres.
- La luxure ou volupté, désir immodéré des plaisirs impurs.
- La colère, désir excessif de vengeance ou de faire mal.
- Gourmandise, utilisation non restreinte d'alimentation et de boisson.

- L'envie, désir des biens d'autrui et de ce qui n'est pas à votre portée.
- La paresse, relâchement dans la foi et dans la pratique de vertu.

I.4   TYPES DE PRIERES

1)   **L'action de grâce** (1Thes5 :18) qui consiste à :
- Remercier Dieu pour le nouveau jour qu'il vous donne de voir car beaucoup, ne se sont pas réveillés.
- Remercier Dieu du faite que vous êtes debout, beaucoup sont soit morts, soit alités.
- Remercier Dieu, pour tout le bien et les avantages dont vous jouissez.
- Remercier Dieu, pour sa providence divine et sa protection dans votre vie.
- Remercier Dieu, pour votre salut, etc…

Cette prière est d'une importance capitale, car Dieu aime être apprécié pour son attention dans vos vies. Cela l'encourage à faire davantage. C'est comme un père à qui un fils dit merci pour les cadeaux et l'attention qu'il lui accorde, et cela remplit le cœur du père de joie. Et quand Dieu est content ! Imaginez la suite.

2)   **La supplication** (Phil4 :6)

Il s'agit de présenter à Dieu, ses désirs, ses soucis, ses besoins, ses envies de prospérer sur les plans financier, professionnel, sentimental, intellectuel,… demander ses faveurs, la santé etc.

3)   **La demande de pardon**

Il s'agit ici de présenter à Dieu, ses péchés, de les regretter, de demander pardon ainsi que sa grâce pour résister au péché.

4)   **L'adoration**

« Digne est l'Agneau immolé de recevoir honneur, gloire et louange » (Ap5 :12). Adorer Dieu c'est lui redire toutes ses merveilles, c'est louer la grandeur de ses œuvres, acclamer le travail de ses mains, contempler sa puissance etc, mais aussi lui dire tout le bien et les merveilles qu'il a accomplit dans votre vie ; le vénérer et l'adorer pour tout.

NB : Cette forme de prière s'accompagne toujours d'un signe d'humilité, par exemple se mettre à genoux ou se coucher face contre sol.

5) **L'intercession**

C'est une prière en faveur de quelqu'un, c'est aussi une procédure judiciaire spirituelle entamez contre ou pour un individu. Ce type de prière est efficace lorsque vous citez la parole de Dieu, car vous cherchez ainsi à tenir Dieu par sa parole et sa parole est vie, elle est vérité et il est dans sa parole.

6) **La prière prophétique**

Vous avez reçu la puissance et l'autorité de parler aux situations, afin de les faire fléchir devant vous (Job22 :28). Dans ce type de prière, vous parlez à une situation comme si vous vous adressez à une personne et avec autorité. La nature à des oreilles, et elle obéira à vos ordres. Cette forme de prière est basée sur la foi et sur vos charismes.

7) **Le combat spirituel**

Dans cette forme de prière, vous commencez d'abord par identifier le problème. Sachez que le combat spirituel n'est pas orienté contre les adversaires de sang et de chair, mais contre les Principautés, contre les Puissances, contre les Régisseurs de ce monde de ténèbres, contre les esprits du mal qui habitent les espaces célestes. (Eph6 :12)

8) **L'invocation**

La prière par invocation est une prière terriblement puissante. Invoquer c'est appeler Dieu ou une puissance surnaturelle à l'aide des prières. Elle peut se faire par des litanies ou par inspiration divine.

9) **La louange**

Comme on a l'habitude de le dire, louer Dieu c'est prier deux fois. Cette forme de prière est puissante et terrifiante pour le monde des ténèbres. Oui la louange attire l'attention de Dieu et perturbe l'activité des démons. En plus en louant Dieu, il accorde beaucoup de grâces et de délivrances.

Chapitre II:
LE JEÛNE

II.1 LE JEÛNE

Faire le jeûne signifie étymologiquement s'abstenir. Cependant, le jeûne chrétien consiste à s'abstenir de la nourriture, des boissons, et des choses qui vous donnent du plaisir. Ceci pendant un temps précis afin de focaliser toute votre attention sur Dieu. Il est souvent impératif d'associer le jeûne à la prière parce que le jeûne est comme un catalyseur, il provoque l'accélération dans vos demandes en vous rapprochant de l'Esprit et de la volonté de Dieu.

II.2   LES AVANTAGES DU JEÛNE

Les avantages sont multiples :

Isaie58 : 6-9
- Défaire les chaînes injustes,
- Délier les liens du joug,
- Renvoyer libre les opprimés,
- Briser tous les jougs,
- Donner du pain aux affamés,
- Habiller ceux qui sont nus,
- Aider les membres de la famille,
- Augmenter la lumière de Dieu en soi,
- Guérir rapidement les blessures,
- Obtenir la réponse de Dieu.

Psaume35 :13
- Suscite de l'espoir

Marc9 : 28-29
- Brise et expulse les forces du mal dont les prières ordinaires ne sont pas venues à bout.

Luc11 :4-11

➢ Améliore la vie de prière d'une façon extraordinaire

Il élève l'esprit, tue les désirs de la chair, rend plus réceptif et sensible à la voix de Dieu et aux choses spirituelles.

Chapitre III :
MEDITER ET GARDER LA PAROLE DE DIEU

La parole de Dieu à une puissance, il faut la lire et la garder. Quand vous priez, déclarez la parole de Dieu et vous verrez des signes et des miracles que vous accomplirez.

III.1 QUELQUES TEXTES BIBLIQUES A MEDITER PAR RAPPORT A LA PAROLE DE DIEU

Hébreux 4 :12 *« Car la parole de Dieu est vivante et efficace, plus tranchante qu'une épée quelconque à deux tranchants, pénétrante jusqu'à partager âme et esprit, jointures et moelles ; Elle juge les sentiments et les pensées du cœur. »*

Jéremie23 :29 *« Ma parole n'est-elle pas comme un feu, dit l'Eternel ; Et comme un marteau qui brise le roc ? »*

Jacques1 :21 *« C'est pourquoi, rejetant toute souillure et tout excès de malice, recevez avec douceur la parole qui a été plantée en vous, et qui peut sauver vos âmes. »*

Isaie55 : 10-11 *« Comme la pluie et la neige descendent des cieux ; Et n'y retournent pas sans avoir arrosé, fécondé la terre, et fait germer les plantes, sans avoir donné de la semence au semeur et du pain à celui qui mange,*

11. Ainsi en est-il de ma parole, qui sort de ma bouche ; Elle ne retourne point à moi sans effet, sans avoir exécuté ma volonté et accompli mes desseins. »

La parole de Dieu guérit et elle est vie.

Psaume107 : 20 *« Il envoya sa parole et les guérit, il les fit échapper de la fosse. »*

Proverbe4 : 20-22 *« Mon fils, sois attentif à mes paroles, prête l'oreille à mes discours. Qu'ils ne s'éloignent pas de tes yeux ; Garde-les dans le fond de ton cœur, car c'est la vie pour ceux qui les trouvent, c'est la santé pour tout leur corps. »*

Psaume119 :93 *« Je n'oublierai jamais tes ordonnances, car c'est par elles que tu me rends la vie. »*

Romains10 :17 *« Ainsi la foi vient de ce qu'on entend, et ce qu'on entend vient de la parole de Christ. »*

Evangile selon saint Jean

1.   Au commencement était la Parole, et la Parole était avec Dieu, et la Parole était Dieu.

2. Elle était au commencement avec Dieu.

3.   Toutes choses ont été faites par elle, et rien de ce qui a été fait n'a été fait sans elle.

4.   En elle était la vie, et la vie était la lumière des hommes.................

12 - Mais à tous ceux qui l'ont reçue, à ceux qui croient en son nom, elle a donné le pouvoir de devenir enfants de Dieu, lesquels sont nés,

13 -non du sang, ni de la volonté de la chair, ni de la volonté de l'homme, mais de Dieu.

14 -Et la parole a été faite chair, et elle a habité parmi nous, pleine de grâce et de vérité; et nous avons contemplé sa gloire, une gloire comme la gloire du Fils unique venu du Père.

III.2   QUELQUES TEXTES BIBLIQUES A MEDITER PAR RAPPORT A VOS PROBLEMES

« Comme le corps sans âme est mort, de même la foi sans les œuvres est morte». Jacques 2 :26

A. Pour les malades.
<u>JACQUES 5</u> : 13,20

13 -Quelqu'un parmi vous est-il dans la souffrance? Qu'il prie. Quelqu'un est-il dans la joie? Qu'il chante des cantiques.

14 -Quelqu'un parmi vous est-il malade? Qu'il appelle les anciens de l'Église, et que les anciens prient pour lui, en l'oignant d'huile au nom du Seigneur;

15 -la prière de la foi sauvera le malade, et le Seigneur le relèvera; et s'il a commis des péchés, il lui sera pardonné.

16 -Confessez donc vos péchés les uns aux autres, et priez les uns pour les autres, afin que vous soyez guéris. La prière fervente du juste a une grande efficacité.

17 -Élie était un homme de la même nature que nous: il pria avec instance pour qu'il ne plût point, et il ne tomba point de pluie sur la terre pendant trois ans et six mois.

18 -Puis il pria de nouveau, et le ciel donna de la pluie, et la terre produisit son fruit.

19 -Mes frères, si quelqu'un parmi vous s'est égaré loin de la vérité, et qu'un autre l'y ramène,

20 -qu'il sache que celui qui ramènera un pécheur de la voie où il s'était égaré sauvera une âme de la mort et couvrira une multitude de péchés.

Pour les captifs de la sorcellerie, ceux qui désirent partir des sectes sataniques, les vendus en sorcellerie, les prisonniers innocents et tous ceux qui sont liés et bloqués par n'importe quel esprit maléfique.

<u>ACTES</u> 16 : 23,26

23 -Après qu'on les eut chargés de coups, ils les jetèrent en prison, en recommandant au geôlier de les garder sûrement.

24 -Le geôlier, ayant reçu cet ordre, les jeta dans la prison intérieure, et leur mit les ceps aux pieds.

25 -Vers le milieu de la nuit, Paul et Silas priaient et chantaient les louanges de Dieu, et les prisonniers les entendaient.

26 -Tout à coup il se fit un grand tremblement de terre, en sorte que les fondements de la prison furent ébranlés; au même instant, toutes les portes s'ouvrirent, et les liens de tous les prisonniers furent rompus.

B. Pour les enfants de Dieu persécutés, jugés et condamnés dans leurs milieux professionnels, dans leurs maisons ; pour les innocents, pour ceux dont les marabouts et les sorciers attachent et jettent dans l'eau, le feu ou dans les latrines, les bouteilles etc…

<u>DANIEL</u> 3: 20,26

20 –Puis il commanda à quelques-uns des plus vigoureux soldats de son armée de lier Shadrak, Méshak et Abed Nego, et de les jeter dans la fournaise ardente.

21 –Ces hommes furent liés avec leurs caleçons, leurs tuniques, leurs manteaux et leurs autres vêtements, et jetés au milieu de la fournaise ardente.

21 –Comme l'ordre du roi était sévère, et que la fournaise était extraordinairement chauffée, la flamme tua les hommes qui y avaient jeté Shadrak, Méshak et Abed Nego.

22 –Et ces trois hommes, Shadrak, Méshak et Abed Nego, tombèrent liés au milieu de la fournaise ardente.

23 –Alors le roi Nabuchodonosor fut effrayé, et se leva précipitamment. Il prit la parole, et dit à ses conseillers : N'avons-nous pas jeté au milieu du feu trois hommes liés ? Ils répondirent au roi : Certainement, ô roi !

24 –Il reprit et dit : Eh bien, je vois quatre hommes sans liens, qui marchent au milieu du feu, et qui n'ont point de mal ; et la figure du quatrième ressemble à celle d'un fils des dieux.

25 –Ensuite Nabuchodonosor s'approcha de l'entrée de la fournaise ardente, et prenant la parole, il dit : Shadrak, Méshak et Abed Nego, serviteurs du Dieu suprême, sortez et venez ! Et Shadrak, Méshak et Abed Nego sortirent du milieu du feu.

Pour ceux qui sont victimes de complots, pour ceux qui dorment dans des maisons hantées, ceux qui sont perturbés dans leur sommeil par les esprits d'animaux, les assoiffés de chair et de sang humain.

<u>DANIEL</u> 6 : 20,23

20 -En s'approchant de la fosse, il appela Daniel d'une voix triste. Le roi prit la parole et dit à Daniel: Daniel, serviteur du Dieu vivant, ton Dieu, que tu sers avec persévérance, a-t-il pu te délivrer des lions?

21 -Et Daniel dit au roi: Roi, vis éternellement?

22 -Mon Dieu a envoyé son ange et fermé la gueule des lions, qui ne m'ont fait aucun mal, parce que j'ai été trouvé innocent devant lui; et devant toi non plus, ô roi, je n'ai rien fait de mauvais.

23 -Alors le roi fut très joyeux, et il ordonna qu'on fît sortir Daniel de la fosse. Daniel fut retiré de la fosse, et on ne trouva sur lui aucune blessure, parce qu'il avait eu confiance en son Dieu.

IIème PARTIE : L'ENSEIGNEMENT

Chapitre I :
POURQUOI DIEU M'A-T-IL CREE ?

Dieu m'a créé pour vivre, pour le connaitre et pour l'aimer. C'est quoi donc vivre au sens de Dieu :

La vie : c'est l'ensemble des actes moraux, physiques et spirituels qui régissent l'existence d'un être vivant. Au sens biblique, vivre c'est se préparer à la rencontre de Dieu. **Eph1 :4-6** *« C'est ainsi qu'il nous a élus en lui, dès avant la fondation du monde, pour être saints et immaculés en sa présence, dans l'amour, déterminant d'avance que nous serions pour Lui des fils adoptifs par Jésus Christ. Tel fut le bon plaisir de sa volonté à la louange de gloire de sa grâce, dont il nous a gratifiés dans le bien-aimé. »*

Cependant Dieu a créé l'homme avec le libre arbitre, c'est-à-dire qu'il est libre de choisir de faire la volonté de son créateur ou de s'en détourner ou encore de vivre ou de mourir comme en témoigne ce verset de la Bible : **Dt30 :15** *« Vois, je mets aujourd'hui devant toi la vie et le bien, la mort et le mal »*. Donc le Créateur n'est pas un dictateur même- s'il sait mieux que quiconque ce qui est bien pour sa créature. **Jr29 :11** *« Car je connais les projets que j'ai formés sur vous, dit l'Eternel, projets de paix et non de malheur, afin de vous donner un avenir et de l'espérance ». « …choisis la vie, afin que tu vives, toi et ta postérité.. »* **Dt30 :19**

Jésus déclare dans **Jn14 :6** *« Je suis le chemin, la vérité et la vie »* et dans **Jn10 :10** *« Le voleur ne vient que pour voler, égorger et faire périr. Moi, je suis venu pour qu'on ait la vie et qu'on l'ait en abondance. »* Donc vivre véritablement c'est avoir et être avec Jésus-Christ. Choisis donc Jésus et tu vivras même au-delà de la mort.

Connaitre Dieu : Que signifie véritablement connaitre Dieu ?

Connaitre la Bible et réciter les versets bibliques, est- ce connaitre Dieu ? Avoir des révélations du Saint-Esprit et de l'ancienneté dans la chrétienté est-ce une preuve de la connaissance de Dieu ?

Tout ce que nous connaissons de Dieu, vient soit de la Bible, soit de la catéchèse, soit des enseignements et des prédications, soit des révélations.

Mais pour connaitre Dieu véritablement, il faut que Dieu se révèle à toi. (Jean 8 :32) *« Vous connaitrez la vérité et la vérité vous affranchira »*.

La vérité est que l'amour est au-dessus de toute révélation, de toute connaissance, de tout don. On peut lire dans **Eph3 :18-19** *« je prie que vous puissiez comprendre avec tous les saints quelle est la largeur, la longueur, la profondeur et la* *hauteur, et connaître l'amour de Christ, qui surpasse **toute connaissance**, en sorte que vous soyez remplis jusqu'à toute la plénitude de Dieu. »*

La vraie connaissance de Dieu équivaut donc à rechercher et à aimer véritablement Dieu. Cette quête nous mènera à être capable d'aimer comme Dieu aime, à pardonner comme Dieu pardonne, à être patient comme l'est Dieu, à supporter comme Dieu supporte, à donner comme seul Dieu donne.

1Co13 :2 *« Et quand j'aurais le don de prophétie, la science de tous les mystères et **toute la connaissance**, quand j'aurais même toute la foi jusqu'à transporter des montagnes, si je n'ai pas la charité, je ne suis rien ».*

1Co8 :1-3 *« Pour ce qui concerne les viandes sacrifiées aux idoles, nous savons que nous avons tous la connaissance. La connaissance enfle, mais la charité édifie. Si quelqu'un croit savoir quelque chose, il n'a pas encore connu comme il faut connaître. Mais si quelqu'un aime Dieu, celui-là est connu de lui. »*

Il y a trois dimensions dans la connaissance de Dieu et c'est ici que la parabole du semeur prend toute son importance: **Mt13 :3-23**

- **Connaissance au premier degré** : C'est le cas où on a entendu parler de Dieu, on sait qu'Il existe, on sait là où Il habite et là où on peut le trouver. On sait tout cela, mais on n'est pas convaincu et on se complique la vie à cause de notre égo. Par conséquent, on fait du sur place. Nous sommes satisfaits de la vie et nous mettons notre foi en la science, la technologie, la médecine et l'argent.

- **Connaissance au deuxième degré :** Dans ce cas nous avons entendu parler de Dieu soit par la prédication, soit par la lecture de la Bible ou par un autre moyen. Nous sommes convaincus, mais nous n'arrivons pas à nous détacher de certains vices, de certaines pratiques et traditions. Nous sommes chrétiens et parfois très pratiquants. Mais quand il s'agit de donner, d'aider, de pardonner, de pratiquer la justice, nous demeurons bloqués. Il y a un problème et cela nous gêne. Par conséquent nous ne sommes pas prêts même si nous prions beaucoup. Cependant nous recevons du Saint-Esprit et Dieu nous parle.

- **Connaissance au troisième degré :** Dans ce cas, nous vivons une intimité particulière avec Dieu. Nous sommes ses amis et nous connaissons sa volonté et ses projets. C'est comme un époux et son épouse. Nous ne sommes plus deux, mais un.

C'est à ce degré que se trouvait Jésus, et c'est celui que voulait atteindre Saint Paul. Car là Dieu est tellement en nous que ce n'est plus nous qui vivons, qui parlons, qui agissons, mais Dieu lui-même. Il est donc question d'être véritablement à l'image et à la ressemblance de Dieu, c'est-à-dire être comme Jésus-Christ. Ici il y a l'amour, la compassion, le pardon, la bonté, la solidarité, l'entraide, la justice, la paix, l'harmonie et la joie. Ici on garde les commandements de Dieu, c'est cela aimer Dieu.

Chapitre II :
LA CROIX DU SALUT

1Co1 :18 « *La prédication de la Croix est une folie pour ceux qui périssent, mais pour nous qui sommes sauvés, elle est une puissance de Dieu.* »

Pour les chrétiens, la Croix représente l'instrument qui a permis à Christ de payer le prix de la rédemption. Par conséquent la Croix est et reste le signe distinctif des chrétiens partout dans l'humanité. C'est sur sa Croix que le Christ prononça l'une des phrases les plus importantes de toute l'humanité : *Tout est accompli !*

Le Diable même ne voulait pas que Jésus meure sur la Croix.

Dès le début de sa mission Jésus fut tenté par le Diable au désert. Et si Jésus était tombé, il n'y aurait pas eu de rédemption. Il a également voulu faire mourir Jésus après sa prédication à Nazareth, en voulant le précipiter sur une montagne, mais Jésus passa au milieu d'eux et s'en alla. **Luc4 : 29-30.** Jésus serait mort martyr, mais il n'y aurait pas eu de croix dressée pour nos péchés, donc point de salut pour nous.

Une autre fois, une tempête violente s'est levée sur le lac de Galilée. Pendant qu'il dormait dans la barque, les disciples le réveillent à temps pour lui dire : « *Seigneur, sauve-nous, nous périssons !* » **Mt 8 : 24.** Si Jésus mourait ce jour-là, le Diable aurait réussi son plan : pas de mort en croix, pas de résurrection, donc pas de salut pour nous.

Même Pierre qui jadis reconnu Jésus comme étant le messie dit à son Maître : *Cela ne t'arrivera pas !* Quand Jésus commence à parler de sa mort suivie de sa résurrection. Mais Jésus sait qui est derrière cette pensée dit à Pierre : « *Arrière de moi, Satan, car tes pensées ne sont pas les pensées de Dieu !* » **Mt16 : 23**. Mais aujourd'hui il (Le Diable) est vaincu par la puissance de la Croix.

Notre acte de condamnation a été cloué à la Croix du salut

A cause de la désobéissance de l'homme, la condamnation est tombée sur l'humanité et le péché ainsi que la mort sont venus dans le monde. Mais à la Croix quelque chose de glorieux s'est passé dans le ciel : « *Il a effacé l'acte dont les ordonnances nous condamnaient et qui subsistait contre nous et il l'a détruit en le clouant à la croix* ». **Col 2 : 14** Il y a eu vraiment une destruction, non pas du corps de Christ qui est ressuscité plein de vie, mais de l'acte qui nous condamnait. Sur la Croix, ce sont nos péchés portés dans le corps de Christ qui ont été cloués, publiquement devant les hommes mais aussi devant Dieu et devant l'accusateur de nos âmes Satan. Ne nous laissons plus accuser pour notre passé, ni pour nos péchés si nous avons demandé pardon car l'acte d'accusation qui nous condamnait, a été détruit définitivement et éternellement à la Croix. Jouissons de notre repentir et de la paix infinie que nous offre le Christ au travers de la Croix.

La Croix est devenue le symbole de réconciliation et de paix

Le Christ a été crucifié sur sa Croix les mains étendues et ouvertes comme pour dire regardez je sauve l'humanité. Mais je ne m'arrête pas là, moi vrai Dieu et vrai homme, je réconcilie l'homme avec Dieu. Une main est tendue vers Dieu mon Père, et l'autre tendue vers l'homme mon frère. A cause du péché, à cause de notre négligence de Dieu, de Sa Parole, il y a un gouffre entre l'homme et Dieu, gouffre que l'homme a créé. Mais en saisissant la main tendue du Christ, nous sommes réconciliés avec Dieu et nous trouvons une paix divine, c'est le bonheur, c'est la joie, c'est le retour du fils prodige à son Père. « *Car Dieu a voulu que toute plénitude habite en Lui (en Christ) : il a voulu par lui réconcilier tout avec lui-même, tant ce qui est sur la terre que ce qui est dans les cieux, en faisant la paix par lui (par Christ) par le sang de sa croix.* » **Col 1 : 19, 20.** Et maintenant nous pouvons dire avec l'Apôtre Paul « *Etant justifiés par la foi, nous avons la paix avec Dieu par notre Seigneur Jésus Christ.* » **Rom 5 : 1**

La Croix du salut triomphe sur nos ennemis

Le quotidien de beaucoup d'entre nous est remplit de combats, des persécutions de toutes sortes, des attaques à répétition etc… Il faut revenir à la Croix et contempler le Christ   entrain d'écraser la tête du serpent ancien. La promesse fut faite déjà en Eden « *La postérité d'Eve t'écraser la tête, tu lui blesseras le talon.* » **Gn2 : 15.** Certes à la Croix, notre Sauveur a été sévèrement blessé, mais l'adversaire, Satan a eu sa tête écrasée. Satan est vaincu, il le sait ! Rappelons-le-lui ! « *Il a dépouillé les dominations et les autorités, et les a livrés publiquement en spectacle, en triomphant d'elles par la croix.* » **Col 2:15** La Croix nous a délivré de l'esclavage, de l'oppression, des pactes et alliances diaboliques, de l'idolâtrie, de la captivité, des démons, des forces diaboliques etc…

Cependant les coups, les attaques de l'Enfer, les tribulations et autres continuent mais gardons confiance car le Seigneur les a prévus : « *Vous aurez des tribulations dans le monde, mais prenez courage, j'ai vaincu le monde.* » **Jn 16 : 33.** Le Diable ne fait que lancer ses dernières forces dans la bataille perdue d'avance.

La Croix nous libère de toute malédiction

Consciemment ou inconsciemment, volontairement ou non, par choix ou par obligation, par ignorance ou par égarement, certains se sont placés sous le coup de la malédiction en se livrant aux pratiques démoniaques et sataniques de toutes sortes, faisant ainsi confiance à des suppôts de Satan tels que les guérisseurs, les voyants de tout genre, les faux prophètes, des faux maîtres, des faux pasteurs, des gins, des ancêtres, des génies etc. Certains ont pratiqué la magie et la divination. Mais d'après **Gal 3 :13-14 :** « *Christ nous a racheté de la malédiction de la loi, étant devenu malédiction pour nous, afin que la bénédiction d'Abraham eût pour les païens son accomplissement en Jésus.* » L'Ecriture l'affirme : « *Maudit est quiconque est pendu au bois !* » Oui tous regardaient le Christ comme un tel. Même le Père Céleste a détourné son regard de lui, et il s'écria : « *Mon Père, mon Père, pourquoi m'as-tu abandonné !* » la terre trembla, les ténèbres ont couvert la terre et toutes les malédictions des hommes ont recouvert le Christ. Il n'attirait plus les regards. Et alors en un instant, il débarrassait l'humanité de toutes les malédictions à cause du sang et de l'eau qui coulaient de son côté pour se répandre sur la terre, la purifiant à la même occasion afin que la bénédiction promise à Abraham puisse se répandre sur ceux qui croiraient dans l'œuvre de la Croix. La bénédiction de la croix s'est manifestée et maintenant nous participons à la bénédiction promise à Abraham qui est devenue réalité à cause de Celui qui a pris nos malédictions sur la Croix.

Toi aussi tu as une croix à porter

Bien aimé dans le Seigneur Jésus, le Christ pour être digne pour l'éternité devant Dieu son Père, a accepté sa croix et a suivi le chemin tracé par Lui pour le salut de l'humanité. Oui nous pouvons dire avec les anges et la communauté des saints que: « *Le salut est à notre Dieu qui est assis sur le trône, et à l'Agneau.* » **Ap7 : 10** Digne est donc l'agneau de Dieu.

Sois donc digne du Christ en acceptant ta croix et en le suivant. Car « *celui qui ne prend pas sa croix, et ne me suit pas, n'est pas digne de moi* » dit Jésus dans **Mt10 :38**.

Accepter sa croix c'est d'abord accepter que Jésus soit son seul Seigneur et Sauveur. Le problème est que pour beaucoup, Jésus n'est que sauveur, c'est-à-dire qu'il n'est que celui-là qu'on appelle quand on a des situations difficiles et des besoins. Pour que Jésus soit ton Seigneur, il faut accepter que sa volonté soit faite dans ta vie et il faut garder ses commandements et les mettre en pratique.

Accepter sa croix c'est également accepter sa mission qui est d'annoncer la Parole de Dieu, de convertir les âmes créant ainsi beaucoup de joie au ciel. C'est d'accepter de mettre la main à la charrue et de tenir ferme.

Accepter sa croix c'est enfin accepter l'autre tel qu'il est, c'est de s'accepter tel qu'on est, c'est d'accepter les peines, les douleurs, les difficultés et les problèmes qui se présentent à nous, et ceci que Jésus intervienne ou pas, qu'il te sauve ou pas, qu'il te guérisse ou pas.

In fine pas de salut sans croix !

Chapitre III:
LA DEMANDE DE PARDON ET LA REPARATION

La demande de pardon est une grande prière. Cette prière nous donne l'occasion de nous reconnaitre pécheurs, de nous lamenter sur notre vie, de nous confier et abandonner à la seule personne capable de nous comprendre et de nous aider, Dieu. Il faut donc être disposé et convaincu de ce que l'on s'apprête à faire. Puisque personne ne te force à faire ce type de prière à part ta conscience. La disposition de ton cœur et ton état d'âme deviennent primordiaux. On ne peut mentir à Dieu lui qui sonde les cœurs. En ce moment-là, tu reconnais que tu n'es rien et que Dieu est tout et tout puissant. Ton cœur est lourdement chargé et tu n'as pas de paix, tu te sens sale impropre et impur. Tu te retournes donc vers le juste, le bon, le compatissant, le juge, le saint, le miséricordieux, le sauveur, bref vers le seul capable de te faire échapper à la condamnation qui pèse sur toi et ceci gratuitement à condition d'être sincère dans ton repentir et d'accepter de faire des efforts pour ne plus te retrouver dans cette même situation.

Dans cet exercice qui est en fait un dialogue, on commence par :
-   invoquer son Seigneur, soit debout, soit à genoux, soit couché face contre terre, en signe d'humiliation, question de reconnaitre qu'on n'est même pas digne de prononcer son nom. Mais à qui allez alors puisqu'il a les paroles de la vie éternelle. Qui invoquer puisqu'il est le chemin, la vérité et la vie ? Vers qui se tourner puisqu'il est le seul et le véritable sauveur, l'agneau de Dieu qui enlève le péché du monde ? D'où nous viendra le secours si ce n'est de celui qui a un nom au-dessus de tous les noms, et dont la miséricorde est le plus grand attribut.
-   Reconnaitre ses fautes et ses manquements, puis garder un temps de silence en écoutant son cœur.

Puis on présente à Dieu ses défauts, ses péchés les plus récurrents, son péché mignon, celui qu'on aime le plus faire, les péchés commis contre son propre corps (fornication, adultère, masturbation etc…), contre son âme chère à Dieu, contre son esprit et ensuite on demande son aide afin de recevoir le don de surmonter ses péchés et de ne plus retomber dans ces situations. Puis on écoute.

Enfin avant de rendre grâce, il faut être généreux et en ce sens :
-   Demander pardon, pour tous ceux qui ne prient pas, qui n'aiment pas et qui n'adorent pas Dieu, car ils sont perdus et Dieu a besoin de les sauver eux aussi. Souviens-toi que chaque fois qu'une âme se convertit, il y a de la joie au ciel.

- Demander pardon pour tous ceux dont les cœurs sont pleins de haine, de jalousie, de méchanceté, ainsi que ceux qui manquent de compassion. On ne sait pas pourquoi ils sont dans cette situation, mais ce qui est sûr est qu'ils ont besoin de trouver la paix intérieure et seul l'Esprit de Dieu peut la leur apporter.
- Demander pardon pour les péchés de nos ancêtres et pour ceux des membres de nos familles. Beaucoup de nos ancêtres n'ont pas connu Dieu et la Lumière qui est venue dans le monde. Ils ont donc besoin de prier et de la miséricorde de Dieu pour entrer dans la lumière et connaitre la paix. N'oublies pas que tout ce que tu es et même tout ce que tu as vient d'eux. Ils sont en toi et tu es à eux. Les membres de nos familles ainsi que nos ancêtres ont commis des péchés qui agissent contre nous, contre nos projets, et contre notre avenir d'une façon ou d'une autre à cause des liens du sang. C'est le cas du sang versé, des malédictions, de certains pactes et alliances établis qui iront au-delà d'une seule génération. En plus eux aussi ont besoin du salut.
- Demander pardon pour les péchés de nos dirigeants, car à cause de la convoitise, des calculs géopolitiques et géostratégiques, ainsi que des intérêts économiques et politiques ont pris des décisions qui ont eu des conséquences sur nous d'une façon ou d'une autre comme engager un pays en guerre, provoquer des guerres, des génocides, déstabiliser des nations, financer le terrorisme, travailler pour leurs propres comptes au détriment du peuple etc..
- Demandons pardon pour les péchés des hommes de Dieu et des bergers spirituels. Beaucoup servent eux-mêmes aujourd'hui. Ils transforment la Parole de Dieu à des fins personnelles et cela a pour conséquence d'égarer les âmes. Beaucoup ont chuté et participer à la destruction de l'Eglise par leurs agissements sous le contrôle de leur nouveau maître devenant ainsi adversaires de Dieu.
- Demander pardon pour les péchés de nos pays. Les péchés de nos pays peuvent provoquer la colère de Dieu comme ce fut le cas de Sodome et Gomorrhe. Et si c'est le cas vous serez touchés.
- Demander pardon pour les péchés de l'humanité entière. C'est important car le monde se détourne tous les jours davantage du Créateur et comme aux jours de Noé, le Créateur peut décider de punir l'humanité et nous et les membres de nos familles serions forcement touchés.
- Demander pardon pour tout sang versé dans le monde. Souvenons-nous que le sang parle. Les écritures nous le montrent avec le sang d'Abel et celui du Christ. Le sang versé partout dans l'humanité crie vengeance tous les jours, et cela peut agir contre nous si un de nos ancêtres ou proche est concerné.

- Demandons pardon pour les torts commis à la terre et à la nature. La terre est notre mère nourricière, et la nature notre environnement. Mais nous les détruisons tous les jours. N'oublions pas aussi que nous sommes tirés d'elle et qu'elle peut nous détruire à tout moment.
- Demandons pardon, pour les péchés commis contre Dieu, et pour le mépris du divin. La majorité des gens ne tiennent plus compte de la présence de Dieu. Ils servent d'autres dieux tels que la science, la technologie et l'argent, ils adorent tout ce qui est immoral et contre nature, ils combattent le vrai Dieu et détruisent son œuvre. Ils pactisent avec l'ennemi de Dieu. Et Dieu dans le feu de sa jalousie peut décider de dévorer la terre et ses habitants et ça sera la fin et beaucoup d'âmes seront perdues à jamais.

Demander pardon c'est une chose, mais cela ne suffit pas il faut aussi faire réparation. Faire réparation consiste à poser les actes qui plaisent à Dieu et ceci durera tant que le péché sera dans le monde donc jusqu'à la fin des temps.

Il s'agira donc de pratiquer la charité, rendre visite aux malades, aux prisonniers, aux orphelins, aux vieillards et aux personnes abandonnés. Accueillir les sans domiciles et les laissés pour comptes, donner à manger à ceux qui n'en n'ont pas, vêtir ceux qui sont nus et assister les éprouvés. Laver l'Eglise, nettoyer les cimetières et les lieux de prières comme les grottes et autres. Prier pour toutes les personnes assassinées et pour les personnes mortes violemment. Prier pour tous ceux qui vous contrarient, vous énervent, vous combattent et vous détestent. Protéger la terre et la nature. Remettre au centre de sa vie les vertus et valeurs comme la tolérance, l'entraide, la solidarité, la charité, la fraternité, la communauté, et la prière.

Chapitre IV:
CLES ET MYSTERES CACHES DERRIERE CETTE HISTOIRE RACONTEE PAR JESUS !

Luc 16 :19-31

Il y avait un homme riche, qui était vêtu de pourpre et de fin lin, et qui chaque jour menait joyeuse et brillante vie.

Dans la société d'aujourd'hui, il existe une seule espérance : devenir riche. C'est-à-dire être à l'abri du besoin, vivre dans les grandes villas, rouler dans des voitures de luxe etc… La vie éternelle n'intéresse presque plus les gens, chercher la face de Dieu est réservé aux faibles et aux pauvres. Le vrai dieu d'aujourd'hui c'est l'argent et celui qui contrôle l'argent contrôle tout puisque le Diable laisse croire à l'homme qu'il peut tout acheter et que le vrai bonheur se trouve là. Le riche aussi c'est l'Occident, l'eldorado du monde d'aujourd'hui, le symbole du succès et de la réussite, le pseudo modèle aux yeux de plusieurs, le lieu où il faut être. Le bonheur assuré.

Un pauvre, nommé Lazare, était couché à sa porte, couvert d'ulcères, et désireux de se rassasier des miettes qui tombaient de la table du riche; et même les chiens venaient encore lécher ses ulcères.

Notons que Jésus donne un nom au pauvre contrairement au riche ce qui veut dire que Dieu est au courant de la souffrance et Il s'intéresse à ceux qui souffrent et garde leurs noms puisqu'ils sont important pour lui et c'est pour eux qu'Il œuvre encore. Lazare donc dans la société d'aujourd'hui c'est celui qui a faim et soif, c'est celui qui est sans domicile fixe, c'est l'immigré rejeté, c'est le prisonnier, c'est celui qui est malade et qui n'a rien pour se soigner, ni personne pour veiller sur lui, c'est l'esclave, c'est le persécuté, c'est celui-là qui subit le racisme et le tribalisme, c'est celui-là qui est battu et tué pour ses convictions religieuses, c'est celui qui subit l'injustice, c'est celui qui est exposé à tous les dangers, à toutes les calamités, que Jésus appelle « chiens ». Le pauvre aussi aujourd'hui, c'est le Sud (pays du Sud). Ils n'ont rien, ils vivent dans la guerre, la famine et toutes les atrocités qu'on puisse imaginer d'où l'immigration, les épidémies, et toutes les formes de misères. L'Occident (ou le Riche) empêche le Sud (pauvre) d'entrer chez lui. L'occident en a assez sur sa table et le Sud, souhaiterait manger les miettes qui tombent de la table de l'Occident, mais il n'arrive pas à entrer chez lui, car il fait face aux grandes barrières que sont la méditerranée, les Océans Atlantique et pacifique. Bien plus, l'occident a mis sur pied des systèmes qui font en sorte que même le peu que le Sud a, lui soit enlevé pour que le Sud soit de plus en plus pauvre et l'Occident de plus en plus riche.

30

Le pauvre mourut, et il fut porté par les anges dans le sein d'Abraham. Le riche mourut aussi, et il fut enseveli.

Constatez avec moi qu'aujourd'hui à part la stricte famille personne ne se rend aux obsèques du pauvre. Lorsqu'un pauvre meurt la plus part des gens se posent la question suivante : Qu'est ce qui l'a tué ? Le pauvre de cette histoire n'a même pas eu les obsèques, il fut emporté par les anges. C'est le cas du Sud où beaucoup meurent dans des conditions inhumaines, soit à cause de la guerre, de la famine, des épidémies et maladies, des viols, des agressions, des sacrifices, des accidents etc.., et sont soit brulés, soit mis dans une fausse commune, soit jetés dans le désert, la forêt et lieux arides, soit jetés aux fonds des mers et des océans. Ils n'ont droit ni aux cercueils, ni aux tombes.

Cependant la Bible nous dit que le riche fut enseveli, ce qui veut dire qu'il a eu des obsèques dignes de ce nom. Il a eu droit à un cercueil, et une place au cimetière. Dans le monde d'aujourd'hui, quand un prince, roi, milliardaire, hommes célèbres meurent, c'est le monde entier qui le pleure, l'élite de ce monde assiste à ses obsèques qui sont pour certains retransmis en direct sur les ondes.

Dans le séjour des morts, il leva les yeux; et, tandis qu'il était en proie aux tourments, il vit de loin Abraham, et Lazare dans son sein.

Il est a noté que certains écrits catholiques traduisent *séjour des morts* par Hadès. Je tiens à rappeler que cette histoire est racontée par Jésus lui-même et qu'au moment où Il la raconte, Il n'avait pas encore souffert sa passion donc Il n'était pas encore mort et encore moins ressuscité.

Le riche vit de loin Abraham, et Lazare dans son sein. Quel est donc ce sein d'Abraham, à quoi cela nous renvois ? Pour les chrétiens d'aujourd'hui lorsqu'on meurt on va soit en Enfer soit au Paradis. Peut-être, mais si les chrétiens d'aujourd'hui acceptent que Jésus est Dieu, ils devraient reconsidérer la question. Jésus qui raconte l'histoire est Dieu, et par conséquent, Il n'est donc pas un fils d'homme pour mentir et sa Parole est vérité, oui et amen. Jésus déclara un jour dans : Jn 3:13 « *Personne n'est monté au ciel, si ce n'est celui qui est descendu du ciel, le Fils de l'homme qui est dans le ciel* ».On peut traduire Ciel ici par Paradis. Où allaient alors ceux qui sont mort depuis Adam jusqu'à Jésus ? Pas au Paradis en tout cas et encore moins en Enfer. Juda Iscariote fut le premier des hommes à entrer en Enfer, et l'avertissement de Jésus nous donne un indice dans Mt26 : 24-25 « *Le Fils de l'homme s'en va, selon ce qui est écrit de lui. Mais malheur à l'homme par qui le Fils de l'Homme est livré! Mieux vaudrait pour cet homme qu'il ne fût pas né. Judas, qui le livrait, prit la parole et dit: Est-ce moi, Rabbi? Jésus lui répondit: Tu l'as dit* ». Satan et ses anges sont restés longtemps seul en Enfer jusqu'à, l'arrivé de celui qui trahit Jésus, comme Lucifer trahît Dieu en son temps. Et Satan compris alors qu'il venait de remporter une grande victoire. Car il pouvait enfin recevoir avec lui les âmes des hommes. Ceci veut dire que le séjour des morts n'était pas l'Enfer. En ce temps-là avant la mort de Jésus, les méchants et gros pécheurs allaient au séjour des morts après leurs décès tandis que les bons et tous ceux qui ont soufferts de l'injustice, de la misère et tous ceux jugés dignes allaient au sein d'Abraham après leurs morts. Dans le sein d'Abraham, il y avait de la consolation, il n'y avait pas de flammes et de souffrances. La seule chose qui manquait à cet endroit était la Lumière et les gens qui habitaient cet endroit étaient privés de lumière puisque la Lumière qui éclaire le monde n'avait pas encore sauvée le monde donc Jésus.

Au séjour des morts les âmes souffraient de la torture, des flammes et de tous les maux. Mais dans cet endroit les âmes ont espoir quant à un soulagement possible. Luc 16 : 24 *« Il s'écria: Père Abraham, aie pitié de moi, et envoie Lazare, pour qu'il trempe le bout de son doigt dans l'eau et me rafraîchisse la langue; car je souffre cruellement dans cette flamme »*. Tandis qu'en Enfer c'est impossible car là-bas, il y a du feu qui ne s'éteint pas, des cris et des grincements des dents. Aucun dialogue possible.

Le Credo nous dit qu'après la mort de Jésus, Il est descendu aux enfers ou au séjour des morts, les enfers étant différents de l'Enfer ou de la Géhenne. Durant ces trois jours passé là-bas, il visita tous ces mondes, Il délivra beaucoup d'âmes du séjour des morts car Il est la miséricorde même, Il alla au sein d'Abraham, remontant jusqu'à Adam et Il leur prêcha la bonne nouvelle. Il les sortit de là et les faisant entrer dans sa lumière puis, Il les emmena tous au Paradis. Au passage Il fit un tour en Enfer et là-bas, Il arracha l'autorité de la mort à Satan ainsi que toute la richesse et la prospérité que Dieu avait donné à l'Homme et qui se retrouvaient entre les mains de Satan à cause du péché de l'Homme.

Ce qui fait qu'il existe aujourd'hui au moins 04 grands mondes connu à part celui des hommes. Les Cieux ou Paradis, l'ancien sein d'Abraham, dépourvu de lumière et où il n'y a pas de feu ni de souffrance appelé aujourd'hui les Limbes (Séjour des enfants non baptisés et qui ne peuvent entrer au ciel), le séjour des morts ou Purgatoire, ici il y a du feu, de la souffrance et la torture. L'Enfer, siège de Satan et de ses démons où il y a que des cris, des grincements de dents, la souffrance au-delà de l'imaginable, le souffle et le feu qui ne s'éteint point.

Cependant il convient de noter que après le deuxième avènement du Christ seul resteront, le Paradis et l'Enfer, et l'humanité n'aura que ces deux destinations finales.

Le riche dit: Je te prie donc, père Abraham, d'envoyer Lazare dans la maison de mon père; car j'ai cinq frères. C'est pour qu'il leur atteste ces choses, afin qu'ils ne viennent pas aussi dans ce lieu de tourments.

Ce passage montre que le riche avait des frères 05 au total et certainement des amis de sa classe sociale qui sont pour certains avec lui dans ce lieu de tortures et de tourments et pour d'autres encore vivant. Mais non, il ne pense plus à eux, mais uniquement à ses frères, il désire leur salut, peut-être s'ils sont sauvés ils prieront à leurs tour pour le repos de son âme. Il était bon pour ses frères et il s'occupait d'eux. Ces gens ne manquaient de rien contrairement à Lazare et ses semblables. Donc le riche était quand même charitable, donc il aimait ses frères. Mais de quel amour et de quelle charité s'agissait-il? Une charité intéressée, calculée. Je donne à celui qui a déjà, à celui qui peut aussi me donner. Je ne donne qu'aux miens et rien aux autres, on s'en fou. Ils sont à leurs places, ils sont les maudits de la société, ils sont destinés à faire de nous des hommes plus riches et à eux de rester pauvres. Il ne donnait pas aux pauvres ni aux prisonniers, à la veuve ni au veuf, aux orphelins ni aux enfants abandonnés, à l'affamé ni à l'assoiffé, et ni aux malades. La vraie charité nous commande de ne pas donner seulement à nos familles et nos amis mais de donner aussi et surtout aux autres ce que la Bible appelle le prochain, celui que tu ne connais pas, celui qui n'est pas proche de toi. La vraie famille est spirituelle et elle vaut mieux que la famille charnelle. Oui les âmes du purgatoire ont besoin des prières, mais pas seulement des prières des membres de leurs familles, mais des membres de toute la famille chrétienne. Nous voyons que le père Abraham et Lazare avaient la possibilité d'aider les vivants. Un jour donc lorsque les âmes de vos proches seront délivrées des flammes du purgatoire par vos prières, elles aussi à leurs tours passeront du temps à prier pour vous pour que vous n'alliez pas là-bas après votre mort.

Abraham répondit: Ils ont Moïse et les prophètes; qu'ils les écoutent. Et il dit: Non, père Abraham, mais si quelqu'un des morts va vers eux, ils se repentiront. Et Abraham lui dit: S'ils n'écoutent pas Moïse et les prophètes, ils ne se laisseront pas persuader quand même quelqu'un des morts ressusciterait.

Aujourd'hui, il y a l'Evangile et les hommes de Dieu. Mais la grande majorité ne les écoute pas. Il y a des saints et les histoires, mais combien les prennent en exemple ? Jésus est mort pour racheter les âmes, Il est ressuscité, a vaincu la mort, Il est vivant et est assis à la droite du Père. En attendant son retour, Il agit encore tous les jours, nous invitant à la conversion et à choisir la Vie, mais les cœurs demeurent fermés à son message d'amour et de joie. Il est clair que les hommes savent ce qu'ils veulent, mais un monde sans Dieu est appelé à disparaitre. Revenons à Dieu pendant qu'il est encore temps. Ces paroles du père Abraham sont prophétiques. Faut-il qu'Elie revienne et que soient détruits les prophètes des dieux de ce monde ? Où faut-il que ce monde lui-même soit détruit avec tout ce qu'il contient pour que le reste de l'humanité écoute son Dieu.

Bien aimé dans le Seigneur Jésus, je tiens encore à ce que tu saches que bien des gens n'attendent plus la mort pour être orienté vers un monde spirituel. Beaucoup, de leurs vivants appartiennent déjà à plusieurs mondes spirituels. Comment le vérifier ? Cela se vérifie dans les rêves. Parle-moi de tes rêves et je te dirai à quel monde spirituel tu appartiens. Rêves-tu que tu es marié avec une personne que tu ne connais pas et cette personne te passe une alliance ? Rêves-tu que tu es enceinte, ou que tu as des enfants que tu ne connais pas dans la réalité ? Rêves-tu que tu manges la viande et que tu bois du vin dans les fêtes avec des personnes que tu connais ou pas ? Rêves-tu que tu es poursuivi, pourchasser et parfois tu réussis à t'enfuir soit en te réveillant de ton sommeil, soit grâce aux ailles qui poussent de ton dos, soit par ta pointe de vitesse ou tout simplement avec l'appui d'une autre personne ? Te vois-tu dans les eaux régulièrement ou à côté des eaux ou toujours en contact avec les eaux dans tes rêvés ? Te vois-tu souvent entrain de courir ou marcher dans la forêt dans ton sommeil ? Fais-tu des grands voyages dans tes rêves, es-tu souvent en présence des êtres bizarres ? As-tu des couches de nuit ou alors couches –tu des gens dans tes rêves ? Quelle réalité vis-tu dans tes rêves ? La réponse à ces questions te donnera des indices sur le monde auquel tu appartiens, et cela appellera certainement une délivrance. Très souvent les hommes confessent les péchés sans confesser les péchés commis en esprit dans le sommeil. C'est pourquoi ils ne sont jamais vraiment délivrés. La délivrance reste physique mais jamais spirituelle. Confessez vos péchés spirituels, dénoncez ce que vous faites dans vos rêves et recevez la vraie délivrance spirituelle, celle- la qui vient avec les ruptures de liens, la déconnexion, la purge et la purification de l'ancêtre. Vous connaitrez la vérité et elle vous affranchira.

Que celui qui a les oreilles écoute !

Louer soit Jésus-Christ !

<h1 style="text-align:center">Chapitre V:
COMMENT RESOUDRE UN PROBLEME AVEC SON ARBRE GENEALOGIQUE OU AVEC SON ANCETRE : PAR PURIFICATION DES LIENS OU PAR LE BRISEMENT DES LIENS ?</h1>

Il ne s'agit guère de couper ou de briser les liens avec les ancêtres, parce que cela est impossible. Tout ce que nous avons, tout ce que nous sommes ou allons devenir nous viens d'eux. Personne ne crée son patrimoine génétique. On l'hérite tous des ancêtres qui continuent eux à vivre via nos gènes et cellules. C'est pourquoi on ne devient ni voyant, ni prophète, ni musicien, etc. On nait voyant, prophète, musicien, etc...Cela fait partie de l'héritage génétique, il faut tout simplement se connaitre, ou bien se découvrir. Certains ancêtres prennent donc le plus souvent un malin plaisir à interférer dans les vies et destinées de leurs progénitures. Et ceci à cause de leurs natures. Par exemple si ton ancêtres a servi les esprits des eaux durant sa vie, il y a eu beaucoup d'accord signés entre lui et eux, y compris entre sa famille, sa progéniture et autres en échange de quelques services entre autres la protection, la prospérité, la puissance, la procréation, etc. Si de nos jours vous choisissez de ne pas les servir puisqu'ils reviennent vous parler et vous visiter dans votre sommeil, alors ils imposent leurs vetos dans votre destinée, et vous allez au-devant de toutes sortes de misères. Et si vous choisissez de suivre Jésus, Satan qui est un légaliste viendra rappeler à votre ancêtre le pacte et l'alliance établit et ce dernier viendra tout faire dans votre vie pour vous faire changer de chemin. Dieu lui-même fonctionne ainsi, Il a établi une alliance avec Abraham et il y prit soin de garder son alliance avec les ancêtres de Jésus, afin que Jésus ne soit point souillé et surtout qu'Il rayonne puissamment spirituellement et qu'Il prospère en tout point. Il y a donc là un problème de mauvaise alliance qu'il faut rompre en amenant les ancêtres à accepter la lumière et seul Jésus peux le faire et ceci ne peux passer que par le processus de purification et d'acceptation de la lumière.

Chapitre VI:
LIBERATION DES AMES RETENUES PRISONNIERES DANS LES LIMBES.

Très souvent nous prions et pensons beaucoup aux âmes de nos défunts au Purgatoire. Nous disons beaucoup de messes pour elles pour leur permette de quitter le plus rapidement cet endroit et d'entrer dans le Paradis. Quand est-il alors des âmes qui vont dans les Limbes ? Puisque depuis la résurrection du Christ, y vont essentiellement les âmes des mort-nés, des bébés avortés, et des enfants morts avant l'âge de 7ans qui n'ont pas été baptisé.

Les bébés avortés et les mort-nés ne vont ni en enfer, ni au Purgatoire, mais dans un lieu intermédiaire appelé Limbes à cause de leur innocence. Ce lieu encore appelé le sein d'Abraham est une prison où toutes les âmes justes de la terre attendirent si longtemps la venue du Libérateur. Ce lieu, quoique contigu à l'enfer, n'a aucune communication avec lui.

Comment aider ces pauvres âmes :

La prière est une puissance, la foi soulève les montagnes, et ce qui demeure impossible à l'homme est possible pour Dieu. Dieu est plein de miséricorde et Il ne sait rien refuser à ceux qui l'aiment surtout quand vous avez le souci des autres. Dieu nous a donné le commandement de nous aimer les uns les autres, comme Il nous a aimé. Quand nous manifestons notre amour et notre générosité envers ceux que nous ne connaissons pas, alors cela veut dire que nous pouvons véritablement aimer ce Dieu vivant, présent, puissant et Eternel que nous ne connaissons pas. Quand nous manifestons ce genre d'amour envers les proches éloignés, inconnus, le Seigneur se plait à la miséricorde et son amour pour nous ouvrira toutes les portes y compris les portes du Paradis pour les locataires des Limbes. **L'amour et la générosité constituent donc la clé**.

QUEL EST TON CAS ?

As-tu commis l'avortement ? As-tu participé de près ou de loin ? As-tu eu du remord ou pas ? As-tu été forcé de le faire ou l'as-tu fait volontairement ? L'as-tu fait une fois ou plusieurs fois ? As-tu juré de ne plus jamais le refaire et tu as manqué à ta promesse ? Connais-tu les conséquences de ton acte ou pas ? Quelque soit ton histoire, j'ai une bonne nouvelle pour toi. Jésus t'aime et il peut t'aider à faire réparation et laver ainsi le sang versé ainsi que celui qui colle sur tes mains. Sais-tu que ces enfants crient nuits et jours vengeance ! Mais n'ai plus peur et regarde vers Jésus, car la solution te viendra de Lui. Si tu ne connais pas Jésus, rapproche-toi d'une Eglise, d'un homme de Dieu et ils t'aideront à le rencontrer. Tu peux aussi d'abord commencer par regretter tes péchés, reconnaitre que tu es dans l'erreur, hors de chemin et prier Jésus de cette façon :

Prière de repentance : Jésus, je ne te connaissais pas, mais je sais que tu me connaissais. Maintenant, je sais que Tu es le Seigneur et le seul sauveur. Tu es la lumière et le salut. Tu es le rédempteur et le miséricordieux. Je t'accepte aujourd'hui, ici et maintenant dans ma vie comme Seigneur et Sauveur, comme mon Dieu et mon seul guide. Soit miséricordieux envers moi et donne-moi ta lumière qui me conduira sur ton chemin. Pardonne moi mes péchés et toutes mes fautes, viens dans ma vie pour que je puisse te connaitre et t'aimer. Je remets maintenant mon corps, mon âme et mon esprit entre tes mains afin que tu disposes de moi comme il te plaira. Merci et amen Rassures toi Jésus fera le reste.

QUE DOIS FAIRE UNE PERSONNE QUI A COMMIS UN AVORTEMENT ?

Les personnes qui ont commis un avortement doivent :

- **Se confesser** : Il faut reconnaitre que l'acte posé est mal, ceci te poussera à ressentir du remord, à te culpabiliser. Après cela tu demanderas pardon à l'enfant pour son sang versé, car c'est de ta responsabilité s'il a subit ce mauvais châtiment. Tu l'acceptes et tu reconnais que tu as eu tort malgré la situation par la quelle tu passais et les raisons qui t'ont été présentées. Demandes sincèrement pardon à l'enfant. Avant d'aller vers un confesseur, demande pardon à Dieu, pour ce péché grave et mortel que tu as commis, et aussi pour le faite que tu as eu plus peur de ta situation que de Dieu. Car si tu avais vraiment la crainte de Dieu tu ne serais pas arrivé là. Demande au Sang du Christ versé pour tes péchés d'intercéder pour toi auprès du Très Haut et de laisser descendre sa miséricorde et son pardon. Demande à la Mère de la miséricorde d'intercéder pour toi auprès du miséricordieux et fais la promesse à Dieu de ne plus recommencer avec le secours de sa sainte grâce, puis va à la confession.

- **Faire pénitence :** Accepter de donner de son temps, de son énergie, de sa sueur, de sa force entre autre pour se faire pardonner constitue au sens chrétien faire pénitence. Concrètement, vous pouvez décider de dire un rosaire pendant neuf jours pour le pardon de vos péchés et la réhabilitation de l'enfant que vous avez fait avorter. Vous pouvez également décider de faire au moins 20km de marche à pied en priant pour obtenir le pardon de tes péchés. Vous pouvez décider de faire le jeûne pendant quelques jours en priant pour obtenir de Dieu le pardon de vos péchés. Vous pouvez aller dans un orphelinat et laver les vêtements des enfants en priant. Le faire trois à quatre fois par mois pour obtenir le pardon de vos péchés. Etc…

- **Faire réparation :** Très souvent, nous obtenons le pardon de nos péchés mais il nous manque la réparation. Eh oui certains péchés dits grave ou mortel demandent réparation. Vous pouvez faire le chapelet de la Divine miséricorde en réparation de vos péchés et ceux du monde entier, ou le chapelet des Saintes Plaies de Jésus, car par ses meurtrissures nous sommes guéris. Le chapelet du Précieux Sang de Jésus, car par son Sang versé, Il t'a racheté. Vous pouvez faire le Chemin de Croix, car Il a souffert sa passion, a été crucifié, est mort et au troisième jour est ressuscité des morts pour que tu aies la vie. Laver l'Eglise, nettoyer le cimetière, servir les pauvres et les orphelins entre autre constituent de grands actes de réparation des péchés.

- **Donner un nom à l'enfant :** Chaque personne est identifié par un nom et l'enfant avorté est une personne et en plus tout ce qui existe ou a existé doit avoir un nom par lequel il doit répondre. Comme ça aussi, il saura qu'il a compté d'une façon ou d'une autre pour vous, et par ce nom vous vous souviendrez de lui. L'attribution d'un nom permettra qu'il soit aussi inscrit dans le livre de vie et c'est le plus important.

- **Le faire baptiser (baptême d'enfants non nés) en tant que parent ou parrain :** Maintenant qu'il a reçu un nom, il faut bien qu'il entre un jour au Paradis. Alors bien qu'il soit mort, et comme il était innocent, le baptême spirituel des enfants non nés lui permettra d'entrer un jour au Paradis. Rencontrer un homme de Dieu pour le rituel.

- **Dire une messe de requiem :** La messe est une grande prière. Dire les messes pour des personnes décédées aide leurs âmes à se purifier, à raccourcir leur chemin vers le Paradis. Car ces âmes ne peuvent plus rien pour elles-mêmes, mais nous nous le pouvons encore et cela passe par des messes de requiem. Dans le cas des mort-nés et des bébés avortés, nous pouvons demander à Dieu au cours de ces messes de les faire revenir sur terre d'une façon ou d'une autre, dans nos familles ou dans d'autres. Souvenez-vous qu'il y a des millions des femmes qui cherchent à enfanter, à connaitre le bonheur d'avoir un enfant. Donc pourquoi Dieu qui est si bon ne redonnerait-il pas la joie à ces femmes qui sont grandement dans le besoin ?

Vous ferrez donc tout ceci dans un esprit de regret et de pénitence.

Je recommande de prier beaucoup pour que Dieu ramène ces enfants sur la terre.

Non seulement ils feront le bonheur des familles qui en ont grandement besoin, mais aussi, ils devront accomplir leur missions sur la terre et mériter grandement la place qui les ai dû au Paradis.

Dans vos prières, pensez beaucoup à ceux qui ont participé de près ou de loin à votre avortement sinon ils seront punis terriblement. (Parents, amis, maris, copains, médecins, infirmiers, etc...).

IIIème Partie: PRIERES

DECALOGUE DU PELERIN
(Notre charisme en dix points)

Tu adoreras Dieu en vérité et en esprit ;

Tu n'auras point d'autres dieux devant sa face ;

Tu aimeras ton prochain comme Jésus t'a aimé ;

Tu serviras L'Eternel à la sueur de ton front et à la force de ton bras ;

Tu respecteras le testament de Jésus-Christ qui est : ***Amour – Crainte de Dieu – Saint Esprit***.

Tu feras du pauvre ton seigneur et ton maître ;

Tu le serviras corporellement et spirituellement ;

Tu confieras ton service au Saint-Esprit ;

Tu iras à Jésus avec Marie immaculée ;

Tu feras du chant ***« L'Esprit de Dieu repose sur moi »*** ton Hymne.

JE CONFESSE A DIEU (Pascal PEG)

Je confesse à Dieu Tout-puissant que j'ai péché, oui j'ai vraiment péché, en pensé, en parole, par action, par omission et en esprit. C'est pourquoi je prie la très Sainte Vierge Marie, Saint Jean-Baptiste, Saint Joseph, les Saints Apôtres et tous les Saints ; Saint Michel Archange, mon Ange gardien et tous les anges de prier pour moi le Seigneur notre Dieu.

V. Que Dieu Tout-Puissant nous fasse miséricorde, qu'il pardonne nos péchés et qu'il nous conduise à la vie éternelle !

R. Amen

V. Que le Seigneur Tout-puissant et miséricordieux nous accorde l'indulgence, l'absolution et la rémission de nos péchés !

R. Amen

NB : *Mon Je confesse à Dieu ne remplace en aucun cas le « « Je confesse à Dieu » de l'Eglise. Il m'a tout simplement été inspiré que je pouvais aussi le dire ainsi. Nous confessons souvent les péchés commis en pensée, en paroles, par actions et par omission ; Mais jamais les péchés commis en esprit. Plusieurs personnes aujourd'hui ne maitrisent pas les activités menées par leur esprit. En effet, la plupart des hommes pèchent aujourd'hui par l'esprit, et plusieurs n'ont pas conscience car ils ne se souviennent souvent pas de leurs rêves. Beaucoup mangent, boivent, fêtent et voyagent dans leur sommeil, se livrant à toutes sortes d'abus. D'autres se retrouvent dans la mer, les rivières, les forêts, les tombes, bref dans d'autres mondes entrain de se livrer* *à toutes sortes d'abominations et bien d'autres. Il est connu de tous que manger, boire, festoyer et coucher dans les rêves n'est pas bien. Voilà donc autant de péchés non confessés et le gros nœud de tous les blocages et autres problèmes spirituels.*

Je vous salue Marie des soldats de Marie (Pascal PEG)

Je vous salue Marie, recouverte de l'Esprit Saint et comblée de grâces, le Seigneur est en toi et avec toi. De toute l'humanité tu es bénie et Jésus le fruit de tes entrailles est vrai homme et vrai Dieu.

Très Sainte Vierge Marie, mère de Dieu et notre mère, priez pour notre salut et relevez le monde et l'humanité entière de sa ruine. Amen.

CREDO DES DISCIPLES DE JESUS-CHRIST (Pascal PEG)

Je crois en Dieu, le Père tout-puissant, Créateur du ciel, de la terre et de tout ce qui y vit et existe ;

Et en Jésus Christ, son Fils unique, vrai homme et vrai Dieu, notre Seigneur et notre Sauveur;

Qui a été conçu du Saint Esprit, source de toute vie, de toute connaissance, de toute science et de tout pouvoir ;

Est né de la Vierge Marie, femme selon Dieu, fille du Père, épouse du Saint Esprit, et mère de Jésus ;

A souffert à cause de Caïphe et sous Ponce Pilate, a été crucifié par les juifs et les romains ;

Est mort et a été enseveli, est descendu aux enfers ;

Le troisième jour est ressuscité d'entre les morts, est apparu à ses disciples qui l'ont touché, et ont mangé et bu avec lui ;

Est monté ensuite au ciel, où il est maintenant assis à la droite de Dieu le Père tout-puissant, d'où il reviendra juger les vivants et les morts.

Je crois en l'Esprit Saint, à la Sainte Église Chrétienne et Universelle, à la communion des saints, à la rémission des péchés, à la résurrection de la chair, au jugement dernier et à la vie éternelle. Amen

Chapitre I:
QUELQUES PRIERES

I.1 PRIERE POUR OBTENIR L'INTERCESSION DE MARIE NOTRE MERE

Très Sainte Vierge Marie, nous t'aimons et nous savons que tu n'as point de pareil dans la médiation auprès du Seigneur, ton fils notre Sauveur et nous avons confiance en toi. Intercède donc pour tes enfants que nous sommes auprès de Jésus, O notre mère pour que nos corps redeviennent purs, libérés de toutes maladies, et de toutes sortes de possessions et d'impuretés. Qu'ils redeviennent des véritables temples du Saint Esprit, et que nous soyons des hommes nouveaux comblés des grâces et des dons du Saint-Esprit. Au nom de Jésus Christ, pour le salut de nos âmes et pour la gloire de Dieu.

I.2 PRIERE DE NOTRE DAME DES PELERINS.

Cette riche et puissante prière, nous a été révélée afin que les hommes prennent conscience de leurs conditions de pèlerins sur la terre. Dieu a donné à l'humanité Notre Dame de Pèlerins pour les accompagner ici-bas sur les chemins de la vie chacun par rapport à sa mission, pour le seul but du salut de leurs âmes et pour préparer l'avènement du Règne de Dieu.

O Marie Notre Dame des Pèlerins, Mère de Jésus, Epouse mystique du Saint-Esprit, Fille aînée du Père Eternel, Mère des Saints Anges, Mère des Saints et Mère des Hommes ! Pèlerins de toutes les nations, nous t'appelons, O Notre Dame, pour que tu marches avec nous et devant nous, pendant tout notre pèlerinage terrestre.

Conduis-nous dans la paix, la grâce, la foi, l'espérance, la charité et en sécurité à bon port,

Conduis les hommes de toutes les nations, à ton fils, et à notre Père céleste, en compagnie de ton Epoux mystique l'Esprit Saint et les Saints tes autres enfants,

Conduis-nous dans cette vie au-delà des peines et des joies, du malheur et du bonheur, des épreuves et du succès,

Conduis-nous tous les jours de nos vies sur le chemin qui mène à Dieu, toi qui le connais mieux que nous autres pauvres pécheurs,

Conduis-nous sur la montagne sainte à la rencontre de Dieu,

Conduis-nous tous vers le Règne de Dieu qui vient sur la   terre,

Conduis-nous dans l'accomplissement de la mission que Dieu nous a confié jusqu'à notre dernier soupir.

Conduis-nous à notre mort au Paradis devant notre Père Céleste en compagnie de ton fils Jésus Christ notre Seigneur.

O Notre Dame des Pèlerins, soit notre témoin, notre avocate, notre bienfaitrice et notre protectrice pendant et après notre pèlerinage ici-bas. Amen

I.3 POUR QUE BRILLE EN NOUS TA FLAMME D'AMOUR JESUS
(Prière JMV)

Seigneur Jésus, nous venons vers toi, avec Marie immaculée, Toi l'ami des petits et des pauvres, nous te louons. Tu regardes chacun de nous avec tellement d'amour. Apprends-nous à vivre ensemble avec le dynamisme de ton Esprit qui nous engage sur le chemin de l'émerveillement, de la vérité et de l'action. Donne-nous de regarder les autres, avec les yeux du cœur, pour reconnaître les merveilles que tu fais en eux et, en particulier en tous ceux qui sont défavorisés. Aide-nous à bâtir un monde fraternel où personne ne soit mis à l'écart. Fais-nous agir, non avec un esprit de puissance ou de domination, mais humblement et dans un esprit de service. Amen

I.4 O JESUS ! MON BON ET DOUX SAUVEUR (Prière N°1)

Toi qui es La Parole vivante Prends pitié de moi pécheur. Car j'ai péché contre toi et contre mes frères, j'ai péché dans toutes les dimensions. Celui qui a péché contre un commandement a péché contre tous. Tu es allé jusqu'au Calvaire mourir pour moi pour que je sois sauvé et que je vive éternellement. Délivres moi aujourd'hui du péché, de la maladie et de la captivité pour que je te serve de toutes mes forces, de toute mon âme, de tout mon esprit et de tout mon cœur. Toi qui es le chemin, la vérité et la vie, augmentes en moi la foi et que ta main invisible me sorte du chao et me fasse entrer dans ta lumière, pour que je t'adore en vérité et en esprit, afin que mon nom soit inscrit dans ton livre de vie et que j'ai la vie en abondance.

Toi qui baptise de feu et d'esprit, donnes moi la foi en ton Eglise, mets en moi la Crainte de Dieu, la Force, le Conseil et les autres Dons de ton Esprit, afin que je sois ton témoin, et que j'annonce ta Parole partout où besoin sera ainsi que ton retour très proche.

O Jésus, merci pour ton amour et pour ton sacrifice, merci parce qu'il y a plus de joie au ciel pour un pécheur qui se repent, merci parce que tu m'as sauvé moi la brebis égarée, merci enfin pour le don que tu veux me faire. Amen

Nous croyons ô Dieu que tout ce que nous te demandons au nom de Jésus, nous l'avons déjà reçu.

I.5   PRIERE A JESUS MAITRE, SEIGNEUR ET SAUVEUR. (Prière N°2)

Au nom du Père et du Fils et du Saint Esprit (*3)
Seigneur, Prends pitié de moi pécheur !
Nous avons péché contre Toi et contre Toi seul nous avons péché. C'est pourquoi nous sommes malades, c'est pourquoi nous sommes mauvais, c'est pourquoi nous souffrons. Seigneur tu m'as aimé pécheur et tu as payé le prix fort pour moi.
O Christ sauve moi pécheur !
Ne regarde pas mes péchés mais la foi que j'ai en Toi et en Ton Eglise. Tu m'as fais ton élu, tu m'as choisi parmi tant d'autres. Et pour cela je te rends grâce et je te bénis à jamais.
Père écoute ma prière, et que mon cri parvienne jusqu'à toi !
Seigneur ouvre ma bouche et ma langue publiera ta louange !
Seigneur Jésus :
De ton Précieux Sang purifie-moi !
De ta Lumière remplis-moi !
De ton Energie comble-moi !
De tes Grâces comble-moi !
De ta Force investis-moi !
De ton Autorité investis-moi !
De ta Puissance investis-moi !
De ton Amour comble-moi !
De ton Manteau revêtis-moi !
De ton Esprit Saint remplis-moi !
De ton Huile Sacrée oint-moi !
De ta Gloire comble-moi !
De ta Bénédiction bénis-moi !
De ta Paix inonde-moi !
De ton Ennemi protège-moi !
Jésus, mon Maître :
Donne-moi le cœur que tu as eu !
Donne-moi le discernement que tu avais !
Donne-moi ta sagesse et ton intelligence !
Notre Père…
Gloire au Père… (*3)

Au nom du Père, et du Fils et du Saint Esprit (*3)
Amen !

I.6   J'AI DU PRIX DEVANT DIEU (Prière N°3) :

Je suis le Temple de la Très Sainte Trinité. Oui Dieu le Père, Dieu le Fils et Dieu le Saint-Esprit ont trouvé en moi une demeure. Jésus m'a libéré de la captivité et du péché et Il m'a donné la capacité d'accomplir les bonnes œuvres que Dieu a préparé d'avance pour que je les pratique. Oui je peux tout désormais par celui qui me rend fort et au nom puissant de Jésus-Christ. Celui qui est dans le monde ne peut rien contre moi, car je possède la Très Sainte Trinité et la Très Sainte Trinité me possède désormais.

J'ai reçu l'autorité sur les maladies naturelles et spirituelles et sur toutes les malices des démons par la bouche la plus autorisée. L'ange du Seigneur Celui qui cria : QUI EST COMME DIEU! M'accompagne toujours dans mes routes et prend soin de moi. J'ai été lavé avec le sang de l'Agneau par Dieu sous le regard vigilant de Marie notre Sainte Mère. Amen, Alléluia Seigneur pour l'ensemble de ton œuvre en moi, au nom puissant de Jésus-Christ.

Amen

Gloire au Père, à son Fils et à son Saint-Esprit; comme il était au commencement, maintenant et toujours dans des siècles et des siècles amen.

2. PRIERES DE DEMANDE DE PARDON ET DE REPENTANCE

« En vérité, je vous le dis : **Tout** *ce que vous demandez à mon Père, en Mon Nom, Il vous l'accordera. »*
Jésus-Christ ne dit pas : « Je vous accorderai ceci ou cela » mais il dit « tout » pourvu que ce ne soit pas nuisible à votre Salut.
*« **Prier, c'est recevoir la vie à flots**. » -* **Louis de Grenade.**
« La prière est **la clef de tous** *les trésors de DIEU. »* **Saint Augustin.**

Prière 1 :

Éternel, Dieu de mon salut! Je crie jour et nuit vers toi car mon péché m'a éloigné de toi et même mes paroles qui montent vers toi sont impures devant toi.

O Eternel mon Dieu, laisse-moi donc me repentir devant ta sainteté. Permets que ma prière parvienne en ta présence et surtout prête l'oreille à mes supplications!

Pause (30 secondes de silence)

Mes péchés sont nombreux et je suis semblable à une personne qui boit en excès du vinaigre et qui se plait dans cette boisson. Mon âme en est rassasiée et mon esprit malade. Mon salaire c'est la mort et je le mérite. Mais avec le souffle de vie qui me reste, je vomis le vinaigre et je me repens devant ta miséricorde pour que mon âme soit libérée et mon esprit guérit.

Pause

Je regrette, oui sept fois je regrette mes fautes, mes transgressions envers toi ô Dieu, envers mes prochains et envers la nature. Pitié, pitié, pitié.
Je désire vivre. O toi qui ne veux pas la mort de l'homme, mais sa repentance. Au nom du Christ le miséricordieux pardonnes-moi Père. Par ta Parole qui est vie prend pitié de mon âme, à cause de ton amour pour les repentants, efface mes péchés au nom de Jésus. Amen.

Prière 2 :

Mon Père, mon Père ! Je viens me prosterner devant ta Très Sainte Face, te demander pardon. Pardon mon Père parce que j'ai péché contre toi. Je trahis ta Parole, je n'ai pas mis en pratique tes commandements et je n'ai pas su les garder. Seul ton amour peut me relever.

J'ai péché contre mon prochain que je n'ai pas su aimer malgré tes recommandations. Quand l'occasion s'est présenté de l'aider, de l'accueillir, de lui rendre visite, de le saluer, de lui donner à manger, à boire, de le vêtir, de me montrer charitable et solidaire et de le pardonner, je lui ai tourné le dos et je l'ai laissé tomber. A cause de la honte, du manque de compassion, du manque d'amour, de la haine, de la colère, du racisme, du tribalisme, de la méchanceté et de mes intérêts j'ai laissé tomber mon prochain et il en a souffert et peut-être il en souffre encore.

O Dieu comment me faire pardonné ? Comment faire réparation.

Pause

Par ton Esprit Seigneur, mets plus d'amour dans mon cœur, pour que je sois plus solidaire de mon prochain et que je l'aime comme tu m'as aimé. Puis pardonnes moi et ensuite je ferai réparation pour que je retrouve ma paix. Au mon de Jésus je te supplie Père. Amen.

Prière 3 :

O Dieu! Aie pitié de moi dans ta bonté et dans ta grande miséricorde. A cause des plaisirs et les distractions de ce monde, je suis en dehors du chemin que tu as tracé pour moi. Je suis loin oui très loin de ta volonté. Je le reconnais et c'est pourquoi je viens devant ta sainte présence, me prosterner devant Sa majesté Dieu de l'Univers. Je reconnais aussi que je suis faible et malgré toute ma bonne volonté de faire marche en arrière, je n'y arriverai pas si tu ne m'aides. Plusieurs fois déjà j'ai chuté, ô Eternel que cette fois soit la dernière. Aide-moi donc pauvre pécheur et que ta grâce me sauve aujourd'hui encore.

Pause

Tu as donné en rançon ton sang pour moi, tu m'as ainsi témoigné de ton amour en me sauvant et je te suis reconnaissant. Efface donc mes transgressions et par ta sainte grâce sauve-moi de la chute et de la rechute au nom de Jésus. Amen

Prière 4 :

Dieu, Dieu, Dieu, je t'appelle. Oui j'appelle le Dieu, des orphelins, de la veuve, de l'opprimé et du prisonnier. Où est tu ? Je suis un grand pécheur et j'ai besoin de toi. Je souhaite changer de chemin, changer de vie, sortir des ténèbres. Tiens-moi par la main car je veux te suivre. Je suis resté longtemps égaré, prenant plaisir à voler, à détruire et à tuer. Et maintenant je suis fatigué et je crois que toi seul peux me sauver, toi seul peux me donner la vie, la vraie vie et en abondance.

Pause

Laves- moi donc de ton Précieux sang qui a coulé sur la Croix, sauve moi comme tu sauvas le bon larron. Que ton Sang qui crie plus que celui de mes victimes parle en ma faveur. Qu'il console le sang de mes victimes, que leurs âmes trouvent la paix et reposent en paix.

Je regrette sincèrement ô Dieu d'Abraham, d'Isaac et de Jacob. Ne me laisse pas mourir, ne laisse pas la condamnation demeurer sur moi. C'est pour cela que Jésus a pardonné tous ses bourreaux.

Je désire le pardon, je me repens et je viens m'abandonner à toi pour que tu disposes de moi à ta guise. Et pour faire réparation, je me laisserai utiliser par toi pour que je meure en toi et que tu vives en moi. Toi qui es, qui vis et qui agis encore, donne-moi une nouvelle chance, fais de moi un homme nouveau et je témoignerai de ta bonté et de ton amour partout où ton Esprit me poussera. Au nom de Jésus, amen

Prière 5 :

Père, j'ai marché, j'ai fouillé et j'ai cherché et j'ai trouvé. Qu'ai-je trouvé ? Les faux dieux me promettant, protection, santé, prospérité, succès, argent, gloire, bonheur, honneur, puissance etc.., mais il n'en n'est rien. J'ai forniqué avec ces faux prophètes et je me suis prostitué avec ces faux dieux. Abomination devant ta face je suis devenu.

Mais contre vents et marées, je décide et ceci quoi que cela me coûtera de revenir dans la maison de mon Père que je regrette de tout cœur d'avoir quitté. Ils me menaceront, ils me tortureront, ils m'en feront voir de toutes les couleurs pour que je ne retrouve pas le chemin. Mais je tiendrai bon, puisque la vérité est déjà venue jusqu'à moi et elle est entrain de me délivrer. Quelque soit ce qu'ils me feront, qu'ils me tuent ou pas j'aurai la Vie véritable. Je ne vais plus faire marche arrière pour ne plus jamais adorer ces pourritures.

Je renonce donc à vous, je renonce à vos pratiques et à vos méthodes. Je renonce et je dénonce les ténèbres.

J'accepte Jésus comme Seigneur et Sauveur, je dis oui à la lumière, oui à l'Amour véritable et éternel. Je dis oui à la volonté du Père Eternel et que son règne vienne sur la terre.

Pause

J'étais perdu Père et dans ma perdition, j'ai commis l'iniquité, et tout ce qui est mal à tes yeux je l'ai fait. Prends pitié de moi et accepte moi parmi tes serviteurs, quelque soit le salaire Père je suis partant, car point de bonheur en dehors de toi. L'autre est un menteur, plein de méchanceté contre les femmes et leurs fils et ne peut qu'offrir que la malédiction, la damnation, les ténèbres et la mort éternelle.

Merci parce que tes portes sont toujours restées ouvertes pour tous les égarés qui souhaitent revenir à leur Père, merci parce que ta miséricorde nous sauve de la mort éternelle et de la damnation, merci parce que le Sang du Christ nous sauve des souffrances du péché, de la malédiction et de la mort éternelle. Pardonne-moi pour l'éternité Père et accepte-moi de nouveau et pour toujours dans ta maison au nom de Jésus. Et ma langue célébrera ta miséricorde. Ma bouche publiera ta louange. Ame

Prière 6 :

Père très Saint, je crie vers toi parce que j'ai un gros problème et je suis très embêté. Je désire pardonner à …. (*Dire les noms de ces personnes, qu'elles soient vivantes ou mortes*) et je n'arrive pas vraiment. Chaque fois que je les vois ou chaque que je pense à elles je retombe dans la colère. C'est vrai que j'ai été blessé par ce qu'elles m'ont fait et à cause de toi je veux vraiment les libérer de la prison de mon cœur pour qu'elles retrouvent la liberté et moi la paix. Cette situation m'écrase ô Jésus c'est pourquoi je cours et j'accours vers toi car le secours me viendra de toi. Par la puissance de ton amour et de ta miséricorde, je les pardonne sans conditions, du fond de mon cœur et de toutes mes forces. Que Dieu m'en soit témoin, soyez pardonnés, je vous libère, je ne vous tiendrai plus rigueur. J'efface toutes vos dettes envers moi. Par le Sang de Jésus, je déchire l'acte qui vous condamnait dans mon cœur au nom que

Jésus. O mon âme, réjouis-toi parce que tu as fait connaitre ton péché au Seigneur, tu n'as point caché ton problème et le Seigneur t'a enlevé le poids de ton péché. Amen

Prière 7 :

Père Eternel, je souffre dans ma chair et dans mon âme parce que j'ai péché contre toi et contre ma propre chair. Oh ! Qui me délivrera de la formication, de l'adultère ? Pourquoi mon Dieu suis-je si attaché à ces péchés ? Pourquoi suis-je si faible quand il s'agit de me masturber, de forniquer ou de me prostituer ? Comment se fait-il que je sois attiré par les personnes de même sexe que moi ? Comment est-ce possible que je me plaise dans l'inceste ? Ou encore pourquoi est-ce que je trouve le plaisir à coucher les petits enfants ? Quel est mon problème Seigneur ! Qui d'autre que toi pour m'aider ? Tu es bon et tu pardonnes Seigneur, ton amour est immense pour tous ceux qui font appel à toi. Mais mon âme et toi sont blessés à cause de mes péchés. Je sais une chose Seigneur, c'est que la punition qui nous donne la paix est tombée sur toi et par tes blessures nous sommes guéris. J'ouvre mon cœur à ton amour et à la guérison. Je promets de faire des efforts avec le secours de ta sainte grâce pour me retenir et m'abstenir. Guéris les blessures que j'ai fait aux autres, ainsi que leurs cœurs et leurs souvenirs pénibles au nom de Jésus. Amen

3. PRIERES DE PURIFICATION DES LIENS

Prière de purification des liens N°1 :

Seigneur Jésus, je t'aime et je désire te servir. Par ta miséricorde effaces mes péchés et délivres moi, de l'esprit d'idolâtrie, de l'esprit des morts, du culte des ancêtres, des maris (femmes) spirituels, des esprits des eaux et de tous ce qui me gardent prisonnier dans les ténèbres. Souviens-toi que je suis fils d'Abraham et que j'ai été baptisé au nom du Père, du Fils et du Saint Esprit. Par mon baptême Jésus je suis devenu ton frère, aide-moi donc à me déconnecter de ce(s) monde(s) spirituel(s) auquel(s) appartient mon esprit et à entrer dans le monde spirituel que constitue la communauté des Saints. Je suis fort de par ton Nom et ta Parole Jésus, délivre moi. J'ai la victoire et le salut de par ton sacrifice Jésus. Seigneur Jésus par la puissance des enfants de Dieu, avec mon ange gardien et la Sainte Vierge Marie, je me déconnecte et je renonce à ce(s) monde(s)-là, corps, âme et esprit. Je divorce d'eux maintenant et je donne à ces esprits le Précieux Sang de Jésus en rançon pour mon âme. Je réclame ma liberté immédiatement au nom de Jésus. Je les convoque ici devant ton trône Jésus (cite les noms….. ainsi que ce que j'ai oublié ou dont j'ignore l'identité), et je les ordonne de partir de ma vie et de ne plus me visiter dans mon sommeil. J'ai reçu la vie et je fais partie des vivants. Que le ciel me visite désormais ! Que les larmes de sang de la Vierge séparent mon corps, âme et esprit définitivement de vous, pour la gloire de Dieu et le salut de mon âme. Que disparaissent les ténèbres de mon âme et que la lumière soit au nom de Jésus. Amen

Prière de purification des liens N°2 :

Dieu d'Abraham, d'Isaac et de Jacob qui sont les ancêtres de Jésus ton fils unique. Je t'invoque maintenant, O Toi qui était, qui est et qui sera, Toi qui m'a créé et qui a fait de moi ton fils et ton héritier dans les eaux du baptême et dans le nom du Père, du Fils et du Saint Esprit ; Toi qui m'as sauvé par le sang de Jésus-Christ, dans lequel je reçois la vie. Par sa mort et par sa résurrection, je revêts l'homme nouveau. Purge-je moi en profondeur et purifie tous mes ancêtres, je t'en prie afin que seule ta volonté soit faite dans ma vie. Qu'ils soient plongés dans la lumière de Jésus qui éclaire tout homme. Jésus ! Lumière que tu es, luit dans les ténèbres de mes ancêtres et de ma famille, pour que je puisse véritablement te servir et vivre dans la paix et l'harmonie. O mes ancêtres recevez et acceptez celui qui siège sur le Trône, vôtre créateur et vôtre Dieu. Prosternez-vous devant sa gloire et sa majesté et soyez sauvés par sa grande miséricorde. Que sa lumière vous purge et vous purifie en profondeur au nom de Jésus. Père, miséricorde, miséricorde Père. Que la lumière soit (*3) au nom de Jésus ! Amen

Prière de purification des liens N°3 :

Dieu de mon salut, je te bénie, je t'adore et je te rends grâce pour ta bonté, ton amour et ta miséricorde. Je viens devant ton Trône impur dénoncer et renoncer à toutes alliances, à tous pactes passés consciemment ou inconsciemment avec l'ennemi, avec tous les esprits contraires, les ténèbres et l'être dissocié. Je suis pécheurs et je désir vivre. C'est toi la vie, c'est toi la lumière, c'est toi le chemin, c'est toi la vérité. Où aller Seigneur, en dehors de toi sinon dans le feu qui ne s'éteint pas ? Je veux vivre mon Dieu, donne-moi la vie et inscrits mon nom dans ton livre de vie parmi la multitude que tu es venu sauver. Tends maintenant O Dieu ta sainte et forte main vers moi afin que je sois délivré des ténèbres, de la sorcellerie, de la magie, du culte des idoles, de l'oppression et des blocages de mes ancêtres non purifiés et de tout mal. Que Ta gloire vienne à mon aide et Ton Sang à mon secours ! Que par le Sang de l'agneau et par la parole de mon témoignage, je sois vainqueur de l'ennemi ! Que ta parole vivante, efficace et plus tranchante que tous les glaives à deux tranchants me séparent maintenant des mondes spirituels où Seigneur tu n'es ni adoré, ni vénéré, ni loué. Saint, saint, saint est l'Eternel Dieu et son Fils qui siège sur le Trône. Amen

Prière de purification des liens N°4 :

A la Croix du Calvaire, Jésus s'est fait malédiction pour moi, afin que la bénédiction d'Abraham descende sur moi **Ga 3(13-14).** Seigneur Jésus aujourd'hui je te prie, libère moi de toutes les malédictions qui pèsent sur moi, à cause de mes propres péchés, ceux de mes parents et de mes ancêtres. Libère moi de tous pactes et alliances mystiques, spirituels et physiques qu'ils ont noué avec les génies, les totems, les fées, et autres esprits sataniques et diaboliques qu'ils soient de ce monde ou pas. Par ta Croix glorieuse sort moi de ces cercles et confréries traditionnelles, exotériques, mystiques, spirituels, magiques et diaboliques auxquels appartiennent ma lignée. Je veux pourvoir choisir de moi-même et j'ai choisi la lumière, j'ai choisi Jésus. Je crie donc vers toi Jésus mon choix, sors moi de là et inscrits mon nom dans ton livre de vie. Hôte donc de mon esprit tous ces manteaux spirituels que tu n'as pas choisis pour moi et revêts moi de tous les manteaux que tu voudras. Laisse-moi donc véritablement de suivre à partir de maintenant dans la liberté des enfants de Dieu. Amen

Prière de purification des liens N°5 :

Yahvé, tu es Dieu et point d'autres dieux devant ta face. Papa si tu es avec moi, qui peut être contre moi ? Mes ancêtres ne peuvent pas aller en l'encontre de ta volonté. Leurs dieux tremblent devant ta face O Eternelle. Qui est comme toi Elohim ? Tu m'as appelé et choisi pour te servir, les dieux de mes ancêtres interagissent encore dans ma vie et ceci à cause de mes ancêtres. Toi l'ancien des jours qui fut avant qu'Abraham, Noé et Adam ne soient ; Toi qui fut avant la fondation du monde. Dis un mot, une parole dans la vie de ton serviteur et cela ne se fera plus et nos anciens seront disciplinés et ton serviteur rayonnera et jouira de ses dons pour mieux te servir. Fermes toutes ces mauvaises portes qu'ils ont ouvert ou laissé ouvert et personne ne pourra les ouvrir de nouveau même pas moi. Ouvres toutes les bonnes portes qu'ils ont fermé ou laissé fermer et personne ne pourra les refermer de nouveau même pas moi. A cause de ton serviteur ai pitié d'eux puisqu'ils sont miens, purifies les et conduits les à ta lumière au nom de Jésus.
Amen

Prière de purification des liens N°6 :

Seigneur Dieu le culte originel de mes ancêtres a été pollué, et cela a créé beaucoup de déviations, poussant les générations à verser dans la débrouillardise. Maintenant le temps est venu pour moi de retrouver l'ordre originel et je n'y arriverai pas sans ton aide. Sur mon chemin se dresse les fausses doctrines et mon ancestralité. Entre O Eternel dans mon ancestralité et détruis-y les idoles, les totems, car toi seul peux le faire. Par l'Echo de ta Voix Eternel, entre en communication avec cet arbre mystique et sors nos âmes de là, par le souffre de l'Eau Vive, délivres nos âmes des mondes des eaux et des esprits de eaux, par le rayonnement de ton être, délivres nos âmes des forêts et des montagnes, par le Sang versé de l'agneau, délivres nos âmes des mondes souterrains, et que l'ordre originel soit restauré dans ma famille au nom de Jésus.
Amen

Prière de purification des liens N°7 :

Père Eternel, dans ma famille, il y a un problème de mariage, les gens ne se marient pas et bien même quand ils y arrivent, les mariages ne mettent pas long, ils finissent en queue de poisson et parfois par des morts subites. Père en ton nom, et par la puissance de ton nom, je me lève aujourd'hui contre cette situation, qu'elle soit héréditaire ou pas, qu'elle soit causée par un de mes ancêtres ou pas, qu'elle soit l'objet d'une malédiction ou pas, d'un pacte ou pas. Nous disons que nous en avons mare et que cette situation doit cesser ici et maintenant au nom puissant de Jésus. Je me prosterne devant toi ô Dieu et je convoque à ton tribunal mes ancêtres qui sont à l'origine de cette situation et je les somme devant votre majesté d'y mettre fin au nom de Jésus. Et si jamais ils n'y arrivent pas, je convoque mes ancêtres dans l'esprit, Abraham, Isaac, Jacob et les autres de bien vouloir le faire pour ma famille par la force et la puissance de Dieu au nom de Jésus. Le mariage est une institution divine alors que ta volonté s'accomplisse pour ma famille et que le mariage soit une réalité et une bénédiction pour nous désormais au nom de Jésus. Amen

Prière de purification des liens N°8

Ils ont dit, pas de prospérité pour ma famille, si nous ne revenons pas à eux. Et nous sommes dans la débrouillardise, nous nous battons mais pas de grandes percées pour nous. Nous travaillons comme des éléphants mais les récoltes sont maigres, très maigres. O Dieu je cris vers toi, je me jette à tes saints pieds et j'implore ta miséricorde, car je n'ai plus de solution. Je me suis ruiné et j'ai perdu le peu qui me restait chez les charlatans, chez les faux dieux et je n'ai toujours pas trouvé la solution à mes problèmes. Je suis désolé mon Dieu et je désire revenir vers toi comme l'enfant prodigue, dans ta maison et même là je n'y arrive pas. Tellement je suis plongé dans le mauvais et mes ancêtres me tiennent. Et au loin je tends la main vers toi car je sombre dans le désespoir, dans le doute, dans l'incertitude, dans la vallée de la mort. Mais soudain Jésus le miséricordieux me tient la main et il me maintient debout, il parle à ma situation, il pardonne mes péchés, il propose à mes ancêtres d'entrer dans la lumière et beaucoup se repentissent, se prosternent devant le Seigneur de Tout et acceptent la lumière. Ma situation change et un meilleur avenir m'attend désormais. Je prie pour la conversion des ancêtres rebelles et plus que jamais je persévère dans la lumière et la maison du très haut. Amen Seigneur Jésus pour ta miséricorde infini et pour les délivrances que tu m'accordes au quotidien.

 Amen.

Prière de purification des liens N°9

Écoute-toi maladie ! Que tu sois héréditaire ou pas ! Que tu sois incurable ou pas ! Ecoute bien car je te dis que ton temps expire dans ma famille aujourd'hui au nom de Jésus. Je remonte le temps et les générations avec l'Etre intemporel et ensemble nous te détruisons et délivrons par la même occasion cette famille. Que jaillisse de l'arbre de vie le souffle qui purifie nos gènes de ta présence afin que tu sois définitivement mis hors d'état de nuire à cette génération et aux autres avenirs. Que ton antidote soit inoculé dans nos gènes et que tu sois définitivement qu'un mauvais souvenir. Que tu fus crée soit par l'inceste, soit par l'homosexualité, ou alors par l'accouplement de mes ancêtres avec les animaux ou avec les esprits impurs, tu pars définitivement au nom de Jésus. J'ai choisis Jésus et le Saint-Esprit est avec moi et dans moi. Je refuse de payer le prix des saletés de mes ancêtres et de leurs pratiques immondes. Tu as assez sévi maintenant toi et l'esprit qui t'animait vous êtes détruit pour toujours par le feu du Saint Esprit. C'est la délivrance, c'est la guérison, c'est la joie. Merci mon Dieu et amen.

3.   ACTION DE GRACE (Prière N° 4) :

Maintenant ô Dieu que je suis purifié par ton Esprit Saint et affranchit des mauvais esprits par Saint Michel Archange, tends Ta Puissante main vers moi afin que lavé dans le sang de l'Agneau, comblé de Ton Esprit Saint, sous le regard maternel et vigilant de la Vierge Marie notre Sainte Mère, votre volonté se fasse en moi et que votre règne vienne sur la terre. Au nom Puissant de Jésus-Christ ton Fils bien aimé notre Seigneur et Sauveur.

Amen

Chapitre III:
PRIERES POUR CEUX QUI ONT ETE COUPABLE D'AVORTEMENT:

Prière 1 : Cette prière 1 a été donnée à Anna Marie par Dieu le Père le 13 Mars 2009. Il est demandé de réciter cette belle prière pour ces parents, sous forme de neuvaine, pendant le carême, et chaque premier samedi de tous les autres mois.

O Père céleste, par la mort et la résurrection de Votre Fils, Jésus de Nazareth, je Vous supplie d'être miséricordieux envers une mère et un père qui ont, sciemment ou inconsciemment, commis le plus grave de tous les péchés, le meurtre de leur enfant à naître.

Je Vous supplie, Père Miséricordieux, d'avoir de la compassion pour eux et de détourner d'eux Votre juste colère, et à la place de leur châtiment mérité, de recevoir mes prières de douleur et d'amour pour qu'elles soient appliquées à leurs âmes au cours de leur vie sur terre et pour les amener en même temps à se repentir de leurs actions.

Je fais cette petite prière, avec le ferme espoir que Votre grâce se répande sur eux, que s'ouvrent leurs yeux et que leurs cœurs se rendent compte qu'ils ont offensé la vraie nature de notre existence humaine : à savoir Vous connaître, Vous aimer et Vous servir, Père, ainsi que Jésus, Votre Fils et le Saint-Esprit. Je demande à notre Mère du Ciel d'obtenir les conversions de ces parents à travers son Cœur Immaculé qui mène toujours les âmes à son Fils Jésus-Christ, le Sauveur et le Rédempteur des âmes.

Et je Vous loue, Père, pour la grâce de ma vie, pour n'avoir pas été avorté, de sorte que je puisse Vous louer ce jour pour Votre constant Amour pour moi. Je vous aime, Père, et je Vous loue, Père, encore et toujours, de vouloir m'unir à Vous, à Votre Fils, et à Votre Esprit dans le Ciel avec les Anges et les Saints. Amen.

Prière 2 : Seigneur mon Dieu, j'ai péché, oui j'ai grandement péché contre toi. Je sais combien mon péché te déplait énormément. Je sais que tu puniras sévèrement toutes nations ayant légalisées l'avortement. Mon Dieu à cause de mes mauvaises pratiques, je me retrouve entrain d'avorter. J'ai suivi cette voix qui m'a convaincu de le faire et j'ai eu tort. Prends pitié de moi Seigneur sinon je suis perdu. Je ressens du remord car c'est une partie de moi que j'ai tué et je suis vraiment dérangé. Mais où aller donc Seigneur, où aller ? Comme l'enfant prodigue, je reviens vers toi, la tête baissée et

57

remplis de honte et de remords et je te prie de ne point me rejeter sinon je suis fini. Ne me retire pas ton Saint Esprit ni ta grâce et ta lumière, mais prend pitié de moi dans ta grande miséricorde et efface mon péché. Pardonne aussi les péchés de ceux qui m'ont poussé à l'erreur je t'en prie et je t'en supplie. Je ferai pénitence et je ferai réparation avec le secours de ta sainte grâce au nom de Jésus. Amen

Prière 3 : Père Eternel, je viens vers toi avec un cœur contrit et meurtrie car j'ai commis un péché mortel. Non je ne peux pas te le cacher, il est devant moi et me hante constamment. J'ai versé le sang d'un innocent à cause de ma folie, de mon désordre, de mon immaturité et de la désobéissance à ta parole. Je prie donc la Très Sainte Vierge Marie et la communauté des Saints de prendre pitié de moi et d'intercéder pour moi auprès du Créateur afin qu'Il me pardonne ce terrible péché. J'intercède aussi pour mon conjoint et je prie pour obtenir plus de sagesse de la part de Dieu et l'esprit de la crainte de Dieu, car j'ai plus eu peur des *« qu'en dira-t-on »* que de la colère de Dieu et j'ai mal pour cela. Pitié ô Dieu pitié. Pardonne-moi et je serai guéri au nom de Jésus. Amen

Prière 4 : Père Eternel, je suis un homme à femme, un menteur, un joueur, et un irresponsable. Je passe mon temps à embraser le cœur de filles, les couchants à gauche et à droite sans jamais rien assumer. Et quand une grossesse arrive, je suis le premier à menacer la fille et à lui mettre la pression, la poussant ainsi à l'avortement. Le pire c'est que le l'ai fait plusieurs fois et à chaque fois je savais que c'est mal et je ne savais pas m'arrêter. Ma motivation était que je ne voulais pas avoir les enfants hors mariage et je ne prenais aucune disposition pour que cela n'arrive pas.

Trop c'est trop ! Tellement j'ai versé du sang d'innocent et cela ne m'honore point car je suis un assassin. Je lève aujourd'hui les mains pleines de sang vers Toi, implorant grandement ta miséricorde. Seule ta miséricorde peut me sauver du sang versé et des cris de ces innocents. Je cris moi aussi vers Toi Seigneur pour transformer la machine à tuer que je suis en agneau. Seul je n'y arriverai jamais. Que Ton Esprit – Saint me discipline dans mon comportement sexuel et que je sois délivré de l'esprit du sexe désordonné et en outrance.

Comment ne pas penser à ces filles que j'ai poussé à l'avortement. Ô Dieu, tu es vivant et tu agis encore. Prends pitié d'elles et ne les retient pas ce péché. Elles ont subi ma pression et elles ont eu peur de moi, de leurs parents et de la société, mais pas de Toi. Seigneur à cause de ton nom prend pitié de nous tous et donne nous une autre chance de t'aimer, de te connaitre et de te servir. Je regrette donc énormément mes péchés, que ta grande bonté et ta miséricorde infinie me sauve aujourd'hui. Lave moi avec l'eau et le sang qui ont coulé du côté du Christ pour que je sois purgé et purifié de tous ce sang versé et que ma vie s'ouvre enfin au nom de Jésus. Amen

Prière 5 : Je viens au nom de Jésus, Seigneur et Sauveur demander le pardon de tous ces enfants que j'ai fait avorter. Pardonnez-moi à cause de ce que je vous ai fait. Je vous en prie au nom je Jésus. Je regrette beaucoup. En outre chers enfants, je vous prie de trouver la paix et le soulagement dans mes pénitences et mes actes de réparations. A partir de ce jour aidez-moi aussi à retrouver la paix au nom de Jésus.

Je prie également vos mères de me pardonner et de ne plus m'en vouloir au nom de Jésus. Oui je leur ai fait du mal, ce sont-elles qui vous ont porté, mais nous avons manqué de responsabilité, de maturité et de vrais conseillés et j'en assume la responsabilité. Pardonnez-moi chers mères.

Je me prosterne devant Ta grandeur ô Dieu où je suis humilié et où je suis remplie de honte et de remord à cause des avortements que j'ai commis et je mérite tous les blâmes, les punitions et tous les châtiments que j'ai reçu consciemment ou inconsciemment. J'implore ta grande miséricorde et je te demande pardon de tout mon cœur, de toutes mes forces et de tout mon âme. Prends pitié de moi ô mon Dieu et sauve moi une fois de plus, délivre et pardonne moi une énième fois. Et je te chanterai un chant nouveau, je changerai de vie, j'aurai tout le respect pour la vie et pour ta création et je te servirai désormais dans la vérité et ceci éternellement. Prière, pénitence et réparation feront parties de mon service non seulement pour mes enfants avortés, mais aussi pour les autres enfants avortés qui ne sont pas de moi au nom de Jésus. Amen

Prière 6 : Père Eternel, je me prosterne devant Toi et je me plonge dans l'océan de ta miséricorde pour obtenir ton pardon pour l'ensemble de mes péchés. Devant ta Sainte Face, je nomme un certain nombre d'enfants avortés Martin, Alain, Joël, Patrick, Hervé, Jean, Parfais, Michel, André, Jérôme, Jeanine, Bernadette, Thérèse, Adeline, Gladys, Anne, Venise, Gertrude, Collète, et Elodie… et je les baptise au nom du Père, et du Fils et du Saint-Esprit. Je les plonge dans la Lumière du Christ qui les aspire et les rétablie dans le nom de Jésus. Une page s'ouvre dans le Livre de Vie et le Seigneur inscrit leurs noms et signe trois fois. Cet acte les introduit au Paradis et elles sont dans la joie. Que tous les chrétiens en fassent autant et avec foi au nom de Jésus. Que tout auteur d'avortement fasse pareil au nom de Jésus. Que l'Esprit de notre Seigneur soit apaisé au nom de Jésus.

Prière 7 : ô grand Dieu, j'ai un véritable désir et il est grand mon désir. Je veux que les Limbes se vident et que le Paradis et la Terre se remplissent au nom de Jésus. Que par ta bonté et ta grande sagesse, les âmes des mort-nés et des bébés avortés reviennent dans le circuit au nom de Jésus. Je déclare donc que 10 millions d'âmes quittent les Limbes maintenant et rentrent dans le monde via les femmes déclarées stériles et celles qui n'arrivent pas à concevoir au nom de Jésus. Que le nombre de naissance explose, que le nombre des jumeaux se multiplie sur la face de la terre et que les Limbes se vident véritablement au nom de Jésus. Amen

Prière 8 : Par le pouvoir du Saint-Esprit et par le mystère du Verbe incarné, que les femmes dites stériles par la médecine moderne retrouvent leurs fécondités au nom de Jésus. Par le Souffre Saint et par la puissance des Anges de Dieu, que les démons qui empêchaient les femmes partout dans le monde entier soient neutralisés et détruis au nom de Jésus. Que par la miséricorde de Dieu, les anomalies qui empêchaient les femmes de concevoir soient corrigées et les parasites, détruis. Que par la science et les mystères de Dieu, les âmes prisonnières des Limbes soient apaisées et renvoyées sur terre pour renaitre au nom de Jésus. Merci Seigneur et Amen.

Prière 9 : Père Eternel, je prie pour que le monde soit rempli de ton Esprit Saint et de ta crainte. Je prie pour que les hommes prennent conscience de leurs péchés et qu'ils se repentent de leurs péchés. Je prie pour la délivrance des consciences surtout de la conscience des jeunes, pour qu'ils sachent faire la part de choses et protègent la vie. Je prie pour que le taux d'avortement diminue dans le monde et qu'une chaine solide de prière soit créer dans le monde de façon à prier régulièrement pour les âmes retenues aux Limbes afin qu'elles soient délivrées de cet endroit et redéployées soit dans le monde ou au Paradis. Que ta miséricorde prenne en pitié tous ces jeunes gens qui se sont livrés à l'avortement et que ton Esprit leur inspire le regret de leurs actes et que réparation leur soit accordée par les mérites de Jésus-Christ et au nom de Jésus. Amen

IIIème Partie : GRANDES NEUVAINES

Chapitre I :
TRIDUUMS

1. TRIDUUM DE LIBERATION, DE DELIVRANCE, DE PURIFICATION ET DE RECONSTRUCTION PAR LES VERTUS DU SAINT-ESPRIT ET DE SAINT MICHEL ARCHANGE

Ce triduum est une grande et puissante prière d'auto libération, de réparation, de délivrance, de déblocage contre tous les maux et difficultés liés aux esprits contraires qui puissent exister. Il vous libèrera ainsi de l'emprise du démon, mais il vous apportera aussi la purification, disposant ainsi votre âme et votre esprit à recevoir la lumière, les grâces et les dons du Saint Esprit et faire de vous une personne nouvelle. Pendant donc trois jours et trois nuits vous serez entrain de faire appel à l'Esprit Saint (Le Feu de Dieu) et Saint Michel Archange (Le Chef des Armées de Dieu), et rien ni personne ne peut leur résister. Mais avant il faut disposer le corps à cette prière d'autolibération.

Il sera donc important de respecter les consignes qui sont :

- Pour ceux qui n'ont pas de problèmes de santé et qui peuvent jeûner, rester sans manger, ni boire pendant les trois jours.
- Pour ceux qui ne le peuvent pas, manger pendant ces trois jours à partir de 18heures, des salades, des fruits ou des légumes.
- Si vous êtes malades, manger des fruits ou des salades et buvez de l'eau bénie.

NB : En plus de jeûner, vous ferez l'effort de ne pas vous énerver, et faire preuve d'amour, et de charité.

Comment prier ?

Cette prière se fera le matin entre 5 heures et 6 heures et le soir entre 21heures et minuit. Vous commencerez par lire :

- Isaïe 58
- Prière N°1 (page 45)
- Le credo (Je crois en Dieu)
- Notre Père
- Je vous Salue Marie (3fois)
- Prière N°2 (page 46)
- Prière du Jour
- Litanie de L'Esprit Saint (page 43)

- Litanie de Saint Michel Archange (page 47)
- Prière N° 3(page 47)
- Prière N° 4 (page 55), le troisième jour uniquement)

<u>Premier jour :</u>

Viens Esprit Saint, Toi la troisième personne de la Trinité, Toi la troisième personnalité du Paradis après le Père et le Fils, viens. Je te demande tel un enfant innocent et avec une grande confiance de me donner les Dons de la Crainte de Dieu et de la Piété pour que je reconnaisse Sa grandeur dans toute sa création et que je m'humilie devant sa face en reconnaissant que je suis pécheur et poussière et qu'un jour je retournerais poussière. Donnes moi enfin de te prier de toutes mes forces, de toute mon âme et de tout mon esprit pour que ta volonté se fasse en moi.

Viens Saint Michel Archange, Chef du Paradis, Grand Chef et Prince des armées célestes. Viens-toi qui as crié et qui crie encore : **Qui est comme Dieu** ! Viens nous apprendre à craindre Dieu et à savoir prier pour que Sa Gloire descende aussi en nous comme en Toi.

Au nom puissant de Jésus-Christ ! Amen !

Gloire au Père, à son Fils et à son Saint-Esprit ; comme il était au commencement, maintenant et toujours dans des siècles et des siècles amen.
- Litanie de l'Esprit Saint
- Litanie de Saint Michel Archange

<u>Deuxième jour :</u>

Viens Esprit Saint consolateur, Esprit de vérité me donner les Dons de la sagesse, d'intelligence et de science afin que j'ai la parfaite connaissance de Dieu mon Créateur, de Jésus-Christ mon Sauveur et mon Seigneur et de Toi ma force, mon souffle et mon ami fidèle. Viens aussi me donner la connaissance de la Parole de Dieu et de tout ce qui est caché.

Viens Saint Michel Archange, Prince très Glorieux de la milice céleste, éclairer mes sens, fortifier mon intelligence et élever mon âme vers les hauteurs de la sagesse. Viens par la force de ton épée aplanir mes routes pour que je puisse proclamer et annoncer en toute confiance la vérité et la vraie connaissance pour que l'humanité entière soit affranchie.

Au nom puissant de Jésus-Christ ! Amen !

Gloire au Père, à son Fils et à son Saint-Esprit ; comme il était au commencement, maintenant et toujours dans des siècles et des siècles amen.

- ➢ Litanie de l'Esprit Saint
- ➢ Litanie de Saint Michel Archange

Troisième jour :

Viens Esprit Saint, Esprit d'amour, Esprit de feu, Esprit de paix, Esprit de Dieu. Viens me donner les Dons de conseil et de la force pour que je sois un homme transformé, un homme né de nouveau ; pour que je sache reconnaître et contempler l'œuvre de Dieu dans ma vie et dans celle de chaque homme. Viens enfin que je devienne un zélé serviteur de Dieu et un véritable témoin de Jésus-Christ.

Viens Saint Michel Archange Gardien de la Sainte Eglise, Défenseur des chrétiens et des enfants de Dieu, nous guider et combattre le mal en moi et dans ma vie. Viens par la force de ton épée, terrasser mes ennemis visibles et invisibles et briser toutes les barrières m'empêchant d'aller à Dieu dans l'amour, la paix, en bonne santé et en toute liberté.

Au nom puissant de Jésus-Christ ! Amen !

Gloire au Père, à son Fils et à son Saint-Esprit ; comme il était au commencement, maintenant et toujours dans des siècles et des siècles amen.

- ➢ Litanie de l'Esprit Saint
- ➢ Litanie de Saint Michel Archange

2. EXORSISME PUISSANT POUR SA LIBERATION PERSONNELLE (A faire pendant 3 jours)

Recommandations : *« Evitez de vous mettre en colère, quelque soit le problème, pardonnez à tous vos ennemis car le pardon libère et faites la paix avec vous-même. Ne doutez plus ayez confiance en Dieu et vous verrez sa puissance et sa Gloire ».* Vous mangerez à partir de 18h où vous prendrez du pain et du lait. Si vous vous sentez très faible, prenez de l'eau plate sucrée.

- **(03)Je crois en Dieu ; (03) Pater Noster ; (03) Ave Maria**
- Seigneur, aie pitié de nous.

Jésus-Christ, aie pitié de nous.

Seigneur, aie pitié de nous.

Jésus-Christ, écoute-nous.

Jésus-Christ, exauce-nous.

Père du Ciel, qui es Dieu, aie pitié de nous.

Fils, Rédempteur du monde, qui es Dieu, aie pitié de nous.

Esprit Saint, qui es Dieu, aie pitié de nous.

Trinité Sainte, qui es un seul Dieu, aie pitié de nous.

- **Prière de repentir et de libération**

*Cette prière a été donnée par Jésus à Vassula Ryden le 23 novembre 2006. Vassula écrit : Jésus-Christ m'a dicté cette prière qui est une prière de repentir, de guérison et de libération. Il a dit que cette « prière d'exorcisme » est nécessaire pour nos temps si mauvais. Les gens ne savent pas comment, dans leurs prières, totalement répudier Satan qui les contrôle, les aveugle et qui leur donne un lot de souffrances, soit à travers la maladie ou en les rendant captifs. Jésus a également dit qu'un grand nombre de personnes adorent de faux dieux (des idoles). Cette prière sera très efficace si elle est priée avec le cœur et dans la sincérité. Le Seigneur a dit : « **Laisse-les se repentir devant moi avec ces paroles :** »*

"Seigneur, vous m'avez enduré pendant toutes ces années avec mes péchés, mais néanmoins vous avez eu pitié de moi; je fus induit en erreur de toutes les manières, mais maintenant je ne pècherai plus; je vous ai fait injure et j'ai été injuste, je ne serai désormais plus ainsi.

Je renonce au péché, je renonce au démon, je renonce à l'iniquité qui tâche mon âme. Libérez mon âme de tout ce qui est contre votre sainteté.

Je vous implore de me délivrer de tout mal. Vencz maintenant Jésus; venez maintenant et habitez dans mon cœur.

Pardonnez-moi Seigneur, et laissez-moi me reposer en vous, car vous êtes mon Bouclier, mon Rédempteur, ma Lumière et je crois en vous.

À compter d'aujourd'hui Seigneur, jc vous bénirai en tout temps. Je renonce au mal et à tous les autres dieux et idoles, car vous êtes le Très Haut sur le monde, surpassant de loin tous les autres dieux.

Par votre bras très puissant, délivrez-moi de la mauvaise santé, délivrez-moi d'être un captif, délivrez-moi des difficultés et écrasez mon ennemi le démon. Ô Sauveur, venez vite à mon aide! »

- Dire les Psaumes : 18 ; 35 ; 70

- Au nom du Père, et du Fils, et du St-Esprit, Ainsi soit-il.

    Prière à Saint Michel Archange *(Dans le combat)*

Très glorieux Prince des armées célestes, saint Michel Archange, défendez-nous dans le combat, contre les principautés et les puissances, contre les chefs de ce monde de ténèbres, contre les esprits de malice répandus dans les airs.

Venez en aide aux hommes que Dieu a faits à son image et à sa ressemblance, et rachetés à si haut prix de la tyrannie du démon.   C'est vous que la sainte Eglise vénère comme son gardien et son protecteur ; vous à qui le Seigneur a confié les âmes rachetées, pour les introduire dans la céleste félicité. Conjurez le Dieu de paix qu'Il écrase Satan sous nos pieds, afin de lui enlever tout pouvoir de retenir encore les hommes captifs, et de nuire à l'Eglise. Présentez au Très-Haut nos prières, afin que, bien vite, descendent sur nous les miséricordes du Seigneur ; et saisissez vous-même l'antique serpent, qui n'est autre que le diable ou Satan, pour le précipiter enchaîné dans les abîmes, en sorte qu'il ne puisse plus jamais séduire les nations. Au nom de Jésus-Christ, notre Dieu et Seigneur, avec l'intercession de l'Immaculée Vierge Marie, Mère de Dieu, de saint Michel Archange, des saints Apôtres Pierre et Paul et de tous les saints [et appuyés sur l'autorité sacrée de notre ministère], nous entreprenons avec confiance de repousser les attaques et les ruses du démon.

Psaume 67 (on le récite debout)

Que Dieu se lève et que ses ennemis soient dispersés ; et que fuient, devant Lui, ceux qui le haïssent.
Comme la fumée s'évanouit, qu'ils disparaissent ; comme la cire fond devant le feu, ainsi périssent les pécheurs devant la face de Dieu.
V: Seigneur, exaucez ma prière.
R: Et que mon cri s'élève jusqu'à vous.

V: Le seigneur soit avec vous.
R: Et avec votre esprit.

Oraison : Dieu du ciel et de la terre, Dieu des Anges, Dieu des Archanges, Dieu des Patriarches, Dieu des Prophètes, Dieu des Apôtres, Dieu des Martyrs, Dieu des Confesseurs, Dieu des Vierges, Dieu qui avez la puissance de donner la vie après la mort, le repos après le travail ; parce qu'il n'y a pas d'autre Dieu que vous, et qu'il ne peut y en avoir si ce n'est vous, le Créateur de toutes les choses visibles et invisibles, dont le règne n'aura pas de fin ; avec humilité nous supplions votre glorieuse Majesté de daigner nous délivrer puissamment et nous garder sains de tout pouvoir, piège, mensonge et méchanceté des esprits infernaux. Par le Christ Notre-Seigneur.
Ainsi soit-il.

Prière à saint Michel, comme protecteur spécial

O grand Prince du ciel, gardien très fidèle de l'Église, saint Michel Archange, moi N**, quoique très indigne de paraître devant vous, confiant néanmoins dans votre spéciale bonté, touché de l'excellence de vos admirables prières et de la multitude de vos bienfaits, je me présente à vous accompagné de mon Ange gardien et en présence de tous les Anges du ciel que je prends à témoin de ma dévotion envers vous.

Je vous choisis aujourd'hui pour mon protecteur et mon avocat particulier, et je me propose fermement de vous honorer toujours, et de vous faire honorer de tout mon pouvoir.

Assistez-moi pendant toute ma vie, afin que jamais je n'offense Dieu gravement ni en œuvre ni en parole, ni en pensée. Défendez-moi contre toutes les tentations du démon, spécialement pour la foi et la pureté, et à l'heure de ma mort, donnez la paix à mon âme et introduisez-la dans l'éternelle patrie. Ainsi soit-il.

3. GRANDE PRIERE DE LA GUERRE SAINTE SELON DIEU

Recommandations : Identifiez le problème contre lequel vous voulez aller en guerre. Un seul problème pour chaque programme de guerre sainte. Donc un seul et unique problème durant les quatre jours. Etant donné qu'il n'est pas bon d'aller seul en guerre, il faut entrer dans ce programme en couple, en famille, avec les amis, avec ses camarades, avec les collègues, avec sa communauté, avec sa congrégation, etc…Demandez à Dieu de vous *faire justice face à ce problème qui vous plonge dans votre situation*. Préparez votre offrande et présenter là à Dieu, en lui disant voici ce que je vous offre mon Dieu pour ce que je demande. Parlez enfin à votre offrande pour qu'elle vous porte bonheur et allez la donner à l'Eglise, dans un orphelinat, à l'homme de Dieu qui vous suit, etc…

Vous direz la litanie du Dieu de la guerre à la fin de chaque jour de prière.

Premier jour
- ❖ *Présentez votre problème à Dieu*
- ❖ *Méditez sur 2ch20 : 1- 9*

1 Après cela, les fils de Moab et les fils d'Ammon, et avec eux des Maonites, marchèrent contre Josaphat pour lui faire la guerre. 2 On vint en informer Josaphat, en disant: Une multitude nombreuse s'avance contre toi depuis l'autre côté de la mer, depuis la Syrie, et ils sont à Hatsatson-Thamar, qui est En-Guédi. 3 Dans sa frayeur, Josaphat se disposa à chercher l'Eternel, et il publia un jeûne pour tout Juda. 4 Juda s'assembla pour invoquer l'Eternel, et l'on vint de toutes les villes de Juda pour chercher l'Eternel. 5 Josaphat se présenta au milieu de l'assemblée de Juda et de Jérusalem, dans la maison de l'Eternel, devant le nouveau parvis. 6 Et il dit: Eternel, Dieu de nos pères, n'es-tu pas Dieu dans les cieux, et n'est-ce pas toi qui domines sur tous les royaumes des nations? N'est-ce pas toi qui as en main la force et la puissance, et à qui nul ne peut résister? 7 N'est-ce pas toi, ô notre Dieu, qui as chassé les habitants de ce pays devant ton peuple d'Israël, et qui l'as donné pour toujours à la postérité d'Abraham qui t'aimait? 8 Ils l'ont habité, et ils t'y ont bâti un sanctuaire pour ton nom, en disant: 9 S'il nous survient quelque calamité, l'épée, le jugement, la peste ou la famine, nous nous présenterons devant cette maison et devant toi, car ton nom est dans cette maison, nous crierons à toi du sein de notre détresse, et tu exauceras et tu sauveras !

❖ *Dire cette prière*

Eternel notre Dieu, nous nous prosternons devant ton nom, pécheurs que nous sommes. Nos ancêtres ont péché contre toi et nous ont apporté la condamnation, et nous ne sommes pas mieux qu'eux car continuellement nous péchons devant votre Sainte face. L'occasion nous est donnée ô Dieu de chercher véritablement votre Sainte face pour nous repentir de toutes nos iniquités. Prends pitié de nous Seigneur ! (*Dire ses péchés à Dieu dans la méditation pendant quelques minutes*) Durant ce programme mon Dieu, ainsi que le reste de ma vie, je te promets de pratiquer le jeûne qui te plait. Je m'engage donc à pratiquer la justice, à défaire les liens du joug, à renvoyer libre les opprimés, à partager mon pain avec celui qui a faim, à accueillir chez moi les pauvres sans abri, à vêtir celui qui est nu. Soutiens moi dans ma promesse ô Eternel en me donnant ton Esprit, car ma chair est faible de peur que je ne faillisse. Maintenant Eternel mon Dieu, que ma lumière s'élève dans les ténèbres, que mes nuits deviennent comme lumière de midi, que le repos me vienne de toi, que ma paix dure le temps de ma vie, que je jouisse de toutes les bénédictions d'Abraham ton ami. Je cris vers toi mon Dieu, entends mon cri monté vers toi (*présentez votre problème*) et daigne me rendre justice au nom de Jésus amen.

❖ ***Terminez par une adoration à Dieu*** (Il s'agit ici de dire à Dieu en tes propres termes ce qu'il est, lui redire les merveilles qu'Il a accompli dans le monde et dans ta vie)

Deuxième jour :
- ❖ *Méditez sur 2Ch20 : 10- 19*

10 Maintenant voici, les fils d'Ammon et de Moab et ceux de la montagne de Séir, chez lesquels tu n'as pas permis à Israël d'entrer quand il venait du pays d'Egypte, car il s'est détourné d'eux et ne les a pas détruits, 11 les voici qui nous récompensent en venant nous chasser de ton héritage, dont tu nous as mis en possession. 12 O notre Dieu, n'exerceras-tu pas tes jugements sur eux? Car nous sommes sans force devant cette multitude nombreuse qui s'avance contre nous, et nous ne savons que faire, mais nos yeux sont sur toi. 13 Tout Juda se tenait debout devant l'Eternel, avec leurs petits-enfants, leurs femmes et leurs fils. 14   Alors l'esprit de l'Eternel saisit au milieu de l'assemblée Jachaziel, fils de Zacharie, fils de Benaja, fils de Jeïel, fils de Matthania, Lévite, d'entre les fils d'Asaph. 15   Et Jachaziel dit: Soyez attentifs, tout Juda et habitants de Jérusalem, et toi, roi Josaphat! Ainsi vous parle l'Eternel: Ne craignez point et ne vous effrayez point devant cette multitude nombreuse, car ce ne sera pas vous qui combattrez, ce sera Dieu. 16 Demain, descendez contre eux; ils vont monter par la colline de Tsits, et vous les trouverez à l'extrémité de la vallée, en face du désert de Jeruel. 17 Vous n'aurez point à combattre en cette affaire: présentez-vous, tenez-vous là, et vous verrez la délivrance que l'Eternel vous accordera. Juda et Jérusalem, ne craignez point et ne vous effrayez point, demain, sortez à leur rencontre, et l'Eternel sera avec vous! 18 Josaphat s'inclina le visage contre terre, et tout Juda et les habitants de Jérusalem tombèrent devant l'Eternel pour se prosterner en sa présence. 19   Les Lévites d'entre les fils des Kehathites et d'entre les fils des Koréites se levèrent pour célébrer d'une voix forte et haute l'Eternel, le Dieu d'Israël.

- ❖ *Dire cette prière*

Ecoutez peuple de la terre, qui sommes-nous sans l'Eternel ? Que pouvons-nous de notre propre force ? Nos ennemis sont plus forts, plus nombreux et plus malins que nous. Qui nous apportera la Délivrance si ce n'est l'Eternel notre Dieu. Une chose est sûre, c'est en Yahvé que nous avons mis toute notre confiance. Nous savons que ses yeux sont sur nous ainsi que son amour. La délivrance nous viendra de l'Eternel des Armées et elle sera grande, car si Yahvé est avec nous personne ne peut être contre nous ! Si Yahvé ouvre la porte de ma victoire qui peut la refermer ! Si Yahvé détruit mon mal qu'est ce qui peut l'en empêcher ! Ô Dieu de ma joie que mille tombe à ma gauche et dix mil à ma droite et que moi je sois tiré d'affaire. Que comme la cire fond au feu, que mon problème (*le citer*) s'évapore comme la fumée et que j'en sois définitivement libéré. Ouvre seulement ta bouche ô Eternel et je serai sauvé. Dis seulement un mot et je serai guéri. Tends seulement ta main ô Dieu et ma vie va changer. Je n'aurai même pas à combattre car je ne sais même pas le faire. Mon espoir, mon cœur et mon trésor sont en toi tout comme mon corps. A cause de ton nom Eternel aide moi, dans le feu de ta jalousie interviens en ma faveur et fais-moi justice. Tu vois et tu sais, tu connais mon problème, de grâce ne tarde pas à venir me sauver. Chevauches ton Cherubin pour sauver mon âme au nom de Jésus amen.

✿ *Terminez en chantant des louanges à Dieu*

Troisième Jour :

✿ *Méditez sur 2Ch20 :20-24*

20   Le lendemain, ils se mirent en marche de grand matin pour le désert de Tekoa. A leur départ, Josaphat se présenta et dit: Ecoutez-moi, Juda et habitants de Jérusalem! Confiez-vous en l'Eternel, votre Dieu, et vous serez affermis; confiez-vous en ses prophètes, et vous réussirez. 21   Puis, d'accord avec le peuple, il nomma des chantres qui, revêtus d'ornements sacrés, et marchant devant l'armée, célébraient l'Eternel et disaient: Louez l'Eternel, car sa miséricorde dure à toujours! 22   Au moment où l'on commençait les chants et les louanges, l'Eternel plaça une embuscade contre les fils d'Ammon et de Moab et ceux de la montagne de Séir, qui étaient venus contre Juda. Et ils furent battus. 23   Les fils d'Ammon et de Moab se jetèrent sur les habitants de la montagne de Séir pour les dévouer par interdit et les exterminer; et quand ils en eurent fini avec les habitants de Séir, ils s'aidèrent les uns les autres à se détruire. 24   Lorsque Juda fut arrivé sur la hauteur d'où l'on aperçoit le désert, ils regardèrent du côté de la multitude, et voici, c'étaient des cadavres étendus à terre, et personne n'avait échappé.

✿ *Dire cette prière*

▪ *Problèmes cliniques*

Prière 1 : Dieu notre Père Créateur de toute chose. Je t'aime et je t'adore. Tout ce qui vit et existe l'est part toi et rien qui existe ne t'ai inconnu. Je te présente donc mon problème, cette maladie *(la citer)* dite incurable et dont le traitement échappe encore à l'homme. Mon Seigneur et mon Dieu par la puissance du Verbe détruit en moi ici et maintenant les molécules qui constituent ces virus, ces bactéries et ces microbes en fin que j'en soi totalement débarrassé au nom de Jésus. Dans le feu de ta restauration mon Dieu mon Roi restaure mon système instantanément au nom de Jésus. Amen

Prière 2 : Dieu notre Père, voici déjà un moment que je souffre et mon organisme n'en peut plus, il lâche à chaque minute et je meurs. Pitié pour moi mon Dieu et n'accepte pas que mon âme périsse de cette façon. Oui je comprends que je dois te servir et mieux que hier. Débarrasse-moi de cette maladie et je témoignerai ta gloire. Pour les hommes c'est fini pour moi et moi je me retourne vers toi Eternel pour espérer Ta divine miséricorde et Ta divine grâce. Je veux vivre mon Dieu. Souviens-Toi que Christ est aussi mort et ressuscité pour moi. A cause de l'amour manifesté du Christ pour moi, que le souffle du Sang du Christ fonde sur moi et que je guérisse au nom de Jésus. Viens Souffre du Sang du Christ et impacte mon système afin que tout ce qui ne peut tenir dans ton Sang ne tienne dans le mien. Amen

Prière 3 : Dieu de gloire, je t'adore et je me prosterne devant ta gloire. Et depuis ton Trône de gloire accorde-moi la purge spirituelle par les eaux célestes et que par cette purge mon sang soit transformé et débarrassé de toutes les formes d'hépatites, de VIH, de cancers, de diabètes et de toutes les maladies sanguines. Que par l'Echo du sabbat céleste mon ADN soit débarrassé des maladies, soient-elles héréditaires ou pas. Que mon être tout entier soit plongé sept fois dans le Jourdain céleste et que je ressorte de là transformé et plus vivant que jamais au nom puissant de Jésus. Je te chanterai un chant d'action de grâce et je te servirai d'avantage. Amen

Prière 4 : Dieu Eternel et Tout puissant ! Toute ma vie est entre tes mains. Tu décides et en un temps record je ne suis plus, mais si tu m'aimes, en un instant donné, je suis et je vis. Me voici alors très malade et je désire guérir, je désire vivre. Je te prie donc de surprendre mes médecins et ma famille en m'opérant divinement. Que Ton souffre laser descende en moi et me traverse sept fois en allez retour et au passage opère toutes sortes de chirurgies dans mon corps. Que cette chose dans mon corps *(citer)* s'évapore maintenant et sorte de moi sous forme de gaz au nom puissant de Jésus. Tu es le médecin par excellence mon Dieu je t'aime et j'ai confiance en Toi. Amen

- *Problèmes spirituels*

Prière 1 : Seigneur, Seigneur ! Je cris vers Toi de toutes mes forces, car je suis malade et les examens sont négatifs. Que faire mon Dieu sinon de me retour vers Toi qui détient la solution de tous les problèmes. Pitié pour moi mon Dieu et délivres moi de ces esprits méchants et mauvais qui ont mis la main sur ma santé. Que Tes Chérubins viennent à moi aide et à mon secours, qu'elles mettent ces forces hors d'état de nuire afin qu'ils ne nuisent plus jamais à personnes. Et ceci quelque soit le lien qui nous lie, quelque soit l'alliance que j'ai avec eux. J'ai certainement commis des erreurs mon Dieu, si ce n'est moi ce sont mes ancêtres. Je le reconnais et je te demande pardon. Je veux véritablement te suivre et te servir. Mais sans Ton aide et sans Ton apport je ne pourrais pas car mes ennemis sont nombreux et plus fort que moi. A cause de Jésus délivre moi et guéris moi mon Dieu. Souviens-Toi de mon baptême et sauve-moi. Sors-moi de la captivité, sors-moi des ténèbres et de la servitude par le ministère de tes saints anges au nom de Jésus. Amen

Prière 2 : Seigneur mon Dieu, rien ne marche dans ma vie, je suis enterré, enchaîné, je ne trouve ni travail, ni femme. Je n'ai pas de joie et je ne connais ni paix, ni bonheur. J'ai déjà beaucoup cherché, mais rien n'a changé ; j'ai beaucoup marché et ma situation demeure inchangée. J'ai déjà beaucoup pleuré et je continue de pleurer. Je viens de comprendre que jamais je ne me sauverai moi-même, que personne ne peut me sauver à part Jésus. Malheureusement je viens aussi de comprendre que malgré ce à quoi je pensais, j'étais encore très loin de Jésus. Seigneur Jésus Toi qui est le chemin et la vie, viens à moi aujourd'hui afin que j'ai la vie. Qu'aujourd'hui sois mon chemin de Damas où tu viens véritablement à ma rencontre. Et mes yeux s'ouvriront, et ma lumière sortira des ténèbres, et ma vie rayonnera. Merci Seigneur de m'accepter aujourd'hui, tu m'agréés et toutes les chaines, blocages, et autres qui me retenaient captif sont détruis. Amen Jésus, Alléluia !

Prière 3 : Jésus, Jésus, Jésus ! Je t'invoque puissamment aujourd'hui, chevauches ton cheval blanc et viens en guerre contre mes ennemis. Prends ton épée et ton javelot et frappe-les. Défends mon âme, mon corps et mon esprit car je suis de ta race. Ne permet pas à ces races de vipères et à ses esprits méchants de me voler, de me capturer, de me détruire ou de me tuer. Avec Toi, je suis victorieux. Ils me haïssent à cause de ton nom, à cause de ma race. Tout pouvoir t'a été donné sur la terre au ciel et dans les enfers alors exerce ton pouvoir et ton autorité pour défendre et protéger les tiens, le petit nombre qui te reste. Qu'ils tombent comme des mouches car ils n'ont point d'amour en eux, et que les tiens sortent de là grandies, joyeux et plus fort. Que la louange et l'adoration te soient données éternellement. Amen

Prière 4 : Seigneur, pourquoi tant de haine et d'amertume dans les regards vis-à-vis de moi. Qu'ai-je fais à mes frères, qu'ai-je fais à ces gens pour qu'ils m'en veulent à mort ? Pourquoi tant de jalousie, pourquoi tant de méchanceté en vers moi ? Ils complotent contre moi, et ils décident de me tuer, de m'enlever la vie que Tu m'as donné. Déjà, ils m'ont rendu la vie invivable, ils m'ont exclu de leurs activités, ils me rejettent partout et ne se cachent plus pour me dire leurs intentions et pour m'injurier. Et je ne cesse de m'interroger, je m'applique à les plaire, je leur donne tout ce que j'ai mais je comprends, qu'ils sont ennemis de Ta lumière en moi et ça je refuse de la perdre. Viens donc combattre les ténèbres en eux, viens donc combattre le mal en eux. Par le Souffre Saint que Ton Amour et Ta Divine Miséricorde impactent leurs âmes et que leurs yeux s'ouvrent à la vérité. Que tes Archanges combattent les démons qui ont investi leurs cœurs et qu'ils en soient délivrés. Que le souffle du tonnerre détruise les liens de leurs âmes avec les esprits mauvais, les mauvais génies et totems. Maintenant qu'ils me regardent avec les yeux du cœur comme Dieu nous regarde au nom de Jésus. Amen

Prière 5 : Viens Eternel des armés, viens dans ma vie, viens dans ma situation. Viens détruire l'œuvre du mal en moi, viens détruire l'œuvre du mal dans ma vie, dans mon histoire. Viens Esprit Saint et délivres moi par Ton feu. Descends dans les eaux et délivres moi, descends dans les forêts et délivres moi, descends dans les entrailles de la terre et délivres moi, descends dans les montagnes et délivres moi, descends dans l'air et délivres moi, descends dans les vents et délivres moi, descends chez mes ancêtres et délivres moi, descends dans mon corps et délivres moi, descends dans les ténèbres et délivres moi, vas dans les planètes et délivres moi, va dans les galaxies et délivres moi. Ô Dieu délivre moi par ton feu, délivre moi par tes armées, délivre moi par ta droite, délivre moi par ta lumière, délivre moi par ta parole, délivre moi par ton souffle, délivre moi par ton énergie, délivre moi mon père, délivre moi mon Dieu. Au nom de Jésus amen.

Prière 6 : Notre Dame de la guerre, toi qui es redoutable comme une armée rangée en bataille, je t'invoque grandement et puissamment à cette heure pour notre victoire sur nos ennemis. Par ton immaculée conception nous vaincrons et avec ta présence nous sommes déjà vainqueurs de ce serpent antique qui guerroie contre nous jours et nuits à cause de toi et de ton fils. Viens donc Notre Dame de la guerre écraser sa tête une fois de plus et détruire son armée et que personne n'y échappe. Nous ne sommes pas seul et nous crions vers toi mère, viens au secours, défend et protège tes enfants que nous sommes et nos progénitures. Restaure nous et restitue nous dans nos biens et dans nos droits au nom de Jésus notre Seigneur et notre Sauveur amen.

❖ *Terminez en chantant des louanges à Dieu*

Quatrième jour :
❖ *Méditez sur 2Ch20 :25-30*

25 Josaphat et son peuple allèrent prendre leurs dépouilles; ils trouvèrent parmi les cadavres d'abondantes richesses et des objets précieux, et ils en enlevèrent tant qu'ils ne purent tout emporter. Ils mirent trois jours au pillage du butin, car il était considérable. 26 Le quatrième jour, ils s'assemblèrent dans la vallée de Beraca, où ils bénirent l'Eternel; c'est pourquoi ils appelèrent ce lieu vallée de Beraca, nom qui lui est resté jusqu'à ce jour. 27 Tous les hommes de Juda et de Jérusalem, ayant à leur tête Josaphat, partirent joyeux pour retourner à Jérusalem, car l'Eternel les avait remplis de joie en les délivrant de leurs ennemis. 28 Ils entrèrent à Jérusalem et dans la maison de l'Eternel, au son des luths, des harpes et des trompettes. 29 La terreur de l'Eternel s'empara de tous les royaumes des autres pays, lorsqu'ils apprirent que l'Eternel avait combattu contre les ennemis d'Israël. 30 Et le royaume de Josaphat fut tranquille, et son Dieu lui donna du repos de tous côtés.

NB : Il est important de savoir que l'ennemi ou le voleur n'a qu'une mission. Jésus nous la révèle dans Jn10 :10 « *Le voleur ne vient que pour dérober, égorger et détruire;…* ». Et comment procède-t-il ? Il attend que vous soyez, fatigué, affaiblit, découragé, ou égaré, bref quand vous avez cessé de veiller pour vous attaquer. Même pour vos enfants et membres de vos familles, il utilise la même technique, d'où l'importance pour les plus forts de soutenir les plus faibles. Les parents doivent veiller et prier beaucoup pour la protection des enfants et membres de leurs familles et ceci dès le sein maternel.

Que fait donc encore l'ennemi ou le voleur en plus de vous détruire, égorger et tuer ? Il vous vole tout : prospérité, joie, bonheur, paix, argent, avenir, destinée, santé, mariage, travail, diplômes, etc…. Mr 3:27 « *Personne ne peut entrer dans la maison d'un homme fort et piller ses biens, sans avoir auparavant lié cet homme fort; alors il pillera sa maison* ».

Cependant Jésus est venu afin que les brebis aient la vie, et qu'elles soient dans l'abondance. Jn10 :10. C'est pourquoi il est important, voire très nécessaire de dépouiller ses ennemis de tous les biens après une victoire sur le plan spirituel. Ces biens sont vos biens qu'ils ont volé et cela vous revient de droit. Beaucoup oublient de le faire. A quoi sert donc votre victoire sans votre trophée ? Voilà ce qui fit Josaphat et ses compagnons. 2Ch20 :25 « *ils trouvèrent parmi les cadavres d'abondantes richesses et des objets précieux, et ils en enlevèrent tant qu'ils ne purent tout emporter. Ils mirent trois jours au pillage du butin, car il était considérable* ».

Quand vous l'avez fait, ne vous arrêtez pas là, allez soit dans les temples, soit dans les églises, soit dans votre groupe de prière, soit chez l'homme de Dieu qui vous suit donner votre action de grâce. Quand Josaphat et ses compagnons sont rentrés à Jérusalem avec leurs biens et leurs trophées, ils sont d'abord allez au temple pour rendre grâce à Dieu. 2Ch20 : 28 « *Ils entrèrent à Jérusalem et dans la maison de l'Eternel, au son des luths, des harpes et des trompettes* ». Donnez donc à Dieu sa gloire et son action de grâce avant toute autre chose. Chaque fois que vous respecterez ces principes vous demeurerez sous la protection du Seigneur et dans la paix. 2Ch20 :30 «*Et le royaume de Josaphat fut tranquille, et Dieu lui donna du repos de tous côtés* ».

❖ *Dire cette prière*

Dieu de Josaphat et de tous ceux que tu aimes. Merci mon Dieu, pour toutes ces victoires. Sans ta main, sans ta puissance, sans tes anges, je ne serai pas vainqueur. Merci encore ô Dieu de ma gloire et de ma joie. Donne-moi en compagnie de tes saints anges de récupérer en ce jour tout ce que mes ennemis m'ont volé, tout Seigneur ! Je récupère ce qui est à moi et tout ce qui est à lui comme bien, c'est mon trophée de victoire et je te donnerai ta part en action de grâce. Je récupère donc tout ce qui m'a été volé depuis le sein de ma mère jusqu'à ce grand jour où mon Dieu m'accorde la délivrance et la paix. Je récolte donc tout ce que j'ai semé et tout ce que je n'ai pas semé mais qui appartient à mon ennemi. A la guerre les règles sont les mêmes pour tous les vainqueurs. Aujourd'hui je suis vainqueur et en tant que vainqueur, tu me permets Seigneur de prendre tout mon butin. Et s'il y a d'autres qui me dépassent à porter que les saints anges de Yahvé m'aident. Aujourd'hui c'est aujourd'hui et Satan je ne te laisserai rien dans le nom de Jésus, avec Jésus et par Jésus au nom de Jésus. Amen

❖ *Terminez en chantant des louanges à Dieu*

Chapitre II:
LES GRANDES NEUVAINES

1. LA GRANDE NEUVAINE POUR LA DELIVRANCE DE L'HUMANITE

« Voici une neuvaine de plus, mais ô combien importante en ces temps sombres que traverse l'humanité. Qui donc va sauver le monde et l'humanité si ce n'est Dieu. Cette neuvaine nous invité donc à prier grandement et puissamment pour le salut de l'humanité entière qui va mal et qui est très malade. Par cette neuvaine, beaucoup d'âmes se convertiront et reviendront à Dieu. Par cette neuvaine, beaucoup de démons seront détruits et les situations que le monde vit maintenant changeront pour le bien de tous. » Le Rédempteur

Premier Jour :

En ce jour, prions puissamment contre les œuvres des démons, des esprits mauvais et de tous les suppôts de Satan qui sont derrière toutes les situations que traverse l'humanité.

Situation :

Derrière tous les fléaux et les maux qui minent l'humanité aujourd'hui, se cache le Prince de ce monde. La manipulation du genre humain dans le but de renverser l'humanité en la poussant à rejeter Dieu. L'armée de Satan est déployée et gagne du terrain sans que les hommes s'en rendent compte. Les nations se lèvent contre d'autres, les noirs contre des blancs, des blancs contre des jaunes, etc…Les arabes veulent en découdre avec les occidentaux, les guerres des religions et le terrorisme sont légions, les épidémies, la famine et la crise économique persistent et insistent. Résultat d'un monde sans Dieu, où les morts se comptent par dizaines de milliers par an. C'est le chaos.

Prière :

Père Eternel, et Eternel des armées, je me lève et je me tourne vers toi. Oui le secours me viendra de toi Seigneur. Si tu me laisses je suis fini et si tu me soutiens je suis vainqueur. Mon âme réjouis-toi car le Seigneur ton Dieu t'a aimé. Voici que je reçois le pouvoir et l'autorité sur les forces du mal. Je me lève donc au nom de Jésus et je jette le feu de l'Eprit-Saint sur toutes les situations que traverse l'humanité. Je plonge l'humanité entière dans le sang précieux de Jésus. Je lie tous les démons et les mauvais esprits au nom de Jésus. Je les jette dans les lieux arides et dans le feu. Que le nom de Jésus leur ôte tout pouvoir sur ceux qui craignent Dieu. Je joins ma prière à celles des autres frères dans le monde et ensemble nous faisons du monde un coin très chaud pour les démons. Que Michael Archange et ses anges se joignent à nous dans ce combat et que l'humanité soit délivrée d'eux au nom de Jésus. J'invoque le tourbillon de feu depuis le cosmos sur les démons des airs, j'invoque le tsunami de feu sur les démons des eaux, j'invoque l'ouragan de feu sur tous les démons de la terre et j'invoque le tremblement de terre de feu sur les démons dans la terre. Qui est comme Dieu ! La victoire nous est acquise par l'Agneau immolé, les âmes sont délivrées et sauvées. J'invoque ici l'Immaculé Conception et qu'elle écrase la tête du serpent antique, qu'elle l'empêche de nuire ses enfants. J'invoque les fils de l'immaculé, pour qu'ils détruisent les œuvres du Diable sur la terre au nom de Jésus. J'entends crier feu et victoire, feu et victoire, feu et victoire au nom de Jésus .Amen

➢ Credo, Pater, je vous salue Marie des soldats de Marie, Gloire au Père…

Je vous salue Marie des soldats de Marie 'Pascal PEG'

Je vous salue Marie, recouverte de l'Esprit Saint et comblée de grâces, le Seigneur est en toi et avec toi. De toute l'humanité tu es bénie et Jésus le fruit de tes entrailles est vrai homme et vrai Dieu.

Très Sainte Vierge Marie, mère de Dieu et notre mère, priez pour notre salut et relevez le monde et l'humanité entière de sa ruine. Amen.

Deuxième jour :

Aujourd'hui, je vous invite à prier avec moi puissamment contre le péché de l'avortement et le mariage pour tous dans le monde.

Situation :

Beaucoup de pays ont légalisé l'avortement et ailleurs l'avortement se pratique de façon illégale. Encore un autre tour du Diable dont le but est d'imposer à toutes les nations, le mariage pour tous et le libre arbitre en ce qui concerne l'avortement. L'aide international est conditionnée pour les nations qui résistent à ces fléaux. L'enjeu sur ce champ de bataille c'est de dire au Créateur, que l'homme peut choisir qui va vivre ou pas et avec qui il veut s'accoupler. Conséquence, des millions âmes ne connaitront jamais la lumière parce qu'avorter d'une part et d'autre part Satan l'accusateur demandera à Dieu de détruire les nations qui ont accepté le mariage pour tous comme Il le fit pour Sodome et Gomorrhe. Résultat l'humanité qui ne comprend rien maudira Dieu pour ces destructions.

Prière :

O Dieu plein d'amour et riche en miséricorde, je viens à toi implorer ton pardon pour toutes ces âmes avortées alors qu'elles étaient encore que des fœtus. O Dieu pendant que des milliers des femmes te prient jours et nuits pour avoir le bonheur d'enfanter, d'autres à cause de leurs comportements irresponsables détruisent des vies.

Les raisons sont nombreuses d'après ces personnes qui pensent décider de qui doit vivre ou pas. Si ça avait été le cas pour elles, seraient-elles en vie aujourd'hui ? Maintenant Père ces âmes crient vers Toi jours et nuits demandant vengeance. Que le Sang puissant de Jésus qui parle plus celui d'Abel crie pour elles et apaise leur colère et la tienne. Que Ton Esprit Père impacte suffisamment les hommes afin qu'ils comprennent que avorter c'est tuer. Que Ta crainte descende dans les âmes afin que les hommes cessent de t'irriter et de te provoquer avec leurs mauvais penchants sexuels. Seigneur à cause de ceux qui te prient et qui invoquent ton nom en esprit et en vérité, ne détruit pas ces nations qui pratiquent l'avortement et le mariage pour tous. Je déclare maintenant par celui qui est : Que les démons qui poussent l'Homme à se pervertir sexuellement soient détruits au nom puissant de Jésus. Je lance sur eux l'ouragan de feu et qu'ils soient mis hors d'état de nuire au nom de Jésus. Que les femmes qui avortent soient privées d'enfants puisqu'elles n'en veulent pas et que les enfants avortés, par la puissance de Dieu soient remis dans le circuit de la vie et donnés à celles qui en demandent au nom puissant de Jésus. Que toutes les âmes avortées entrent dans la lumière par celui qui est miséricordieux au nom de Jésus Roi de miséricorde. Amen

  ➢ Credo, Pater, je vous salue Marie des soldats de Marie, Gloire au Père…

Troisième jour :

Aujourd'hui, Prions beaucoup contre la montée du terrorisme et de l'extrémisme dans le monde entier, ainsi que pour leurs victimes.

Situation :

La situation économique et sociale dans certaines régions du monde ainsi de nombreuses situations d'injustice, de racisme et d'inégalité ont poussé beaucoup de jeunes à embrasser d'autres chemins pour s'en sortir. Quelles sont les options qu'ils ont pour survivent ou encore pour se faire entendre ? Créer un monde plus juste selon leur entendement en se versant dans tout ce qui pourrait les aider à y arriver. Sur ce champ de bataille, il est question pour Satan de semer la terreur, la violence, la peur, les guerres, etc. Profitant des différences sociales et des fausses interprétations des textes religieux qu'il adapte aux situations d'injustice. Conséquences : les hommes tuent et s'entretuent au nom de Dieu. Fini le discours de l'amour, de la tolérance et du pardon. C'est le retour de la loi de talion. Les hommes deviennent pire que les animaux qui eux tuent pour manger. Le monde devient une jungle plus dangereuse que ce qu'il était à l'époque de Noé. L'accusateur demandera alors à Dieu de constater l'échec du genre humain et de le détruire comme ce fut le cas avec le déluge. C'est l'échec du rédempteur et du miséricordieux Jésus-Christ que l'humanité maudira.

Prière :

Dieu qui est et qui a tout créé. Est-ce Toi que les hommes invoquent partout dans leurs religions ? Nos pères nous ont dit que tu es amour, que tu es parton, que tu es bon et que tu es miséricordieux. Les religions prétendent aujourd'hui avoir le monopole de Dieu, de connaitre Dieu, car Dieu leur parle, Dieu les guide, Dieu les protège. De quel Dieu s'agit-il ? Du Dieu D'Abraham, d'Isaac et de Jacob ou du dieu de ce monde ? Les hommes se haïssent et se détestent à cause de Dieu, ils s'entretuent au nom de Dieu et de la religion, et les nations se détruisent pour les mêmes raisons. Il faut que cela cesse ! Je prie pour que les yeux des hommes s'ouvrent ainsi que leurs oreilles. O Dieu tu es unique et au-dessus de toutes les religions. Que le Diable vrai seigneur des religions qui prônent la haine, la mort, la guerre, rejetant la tolérance, le pardon et l'amour soit réprimé au nom de jésus. Que tous les démons qui poussent les hommes à prononcer le nom de Dieu en vain soient détruits. Que les races de vipères qui poussent les hommes à mentir, à oppresser, à détruire et à tuer au nom de Dieu brûlent en enfer pour l'éternité. Que toutes les religions soient purgées et purifiées au nom de Jésus.

Que la religion ne soit plus un facteur de division au nom de Jésus. J'invoque l'Esprit de tolérance pour lutter contre l'esprit de rejet, j'invoque l'Esprit d'amour pour vaincre l'esprit de haine et j'invoque l'Esprit de paix, pour enterrer l'esprit de guerre au nom de Jésus sauveur et rédempteur. Amen

➢ Credo, Pater, je vous salue Marie des soldats de Marie, Gloire au Père…

Quatrième jour :

Aujourd'hui, prions beaucoup ensemble pour vaincre les pandémies et les épidémies dans le monde.

Situation :

Le monde en souffre et des milliers de personnes meurent tous les ans du sida, du paludisme, du choléra, d'Ebola, etc. Beaucoup d'entre elles frappent aux portes des hommes, parce que soient modifiés ou fabriqués en laboratoire pour des fins ciblées. Pour les industries pharmaceutiques, se faire encore plus d'argent, pour des lobbies et cercles très fermés réduire considérablement la population mondiale, pour des puissances militaires pouvoir détruire un grand nombre de personnes en cas de guerre. Dans ce champ de bataille, le Diable incite les hommes à plus de cruauté, de méchanceté et à plus d'inhumanité. Il les pousse à considérer les autres comme du bétail livré à eux à des fins commerciales. L'homme souffre dans sa chair, dans son âme impuissante, suppliant Dieu et finissant par rendre l'âme. L'accusateur dira à Dieu, de punir le monde d'avantage puisque les hommes ne le craignent ni ne le servent. Ils servent l'argent et craignent tous ceux qui en ont.

Prière :

O Dieu, beaucoup de personnes ont perdu la vie et continuent à mourir surtout dans le Tiers-monde à cause des maladies incurables et des épidémies. Qu'on- il-fait de plus que les autres pour mourir de cette façon ? Que leurs âmes reposent en paix. La pauvreté est-elle une fatalité ou alors un état d'esprit ? Je te prie, ô Seigneur pour toutes ces personnes exposées à toutes sortes de maladies et d'épidémies dans le monde. Je prie pour le repos des âmes de ces pauvres que, ni l'argent, ni la médecine et la science ont pu sauver. O Dieu Toi qui guérit et guérit véritablement, jette un regard de miséricorde vers les populations des pays pauvres et très endettés qui meurent par millions du paludisme, du sida, d'Ebola et de toutes les autres maladies incurables. Inspire les scientifiques pour que des vaccins et des médicaments soient découverts et mis à la disposition de ces nations presque gratuitement. Que tous les projets diaboliques et sataniques dans le domaine biologique soient exposés et dénoncés au nom de Jésus. Que toutes les résistances de ces virus et bactéries liées aux démons soient détruits au nom de Jésus. Que la nature vienne au secours de l'homme et qu'elle lui révèle les plantes et les écorces qui lui permettront de se soigner efficacement au nom de Jésus. Que les eaux célestes purifient la terre au nom de Jésus. Amen

➢ Credo, Pater, je vous salue Marie des soldats de Marie, Gloire au Père…

Cinquième jour :

Aujourd'hui, nous allons prier beaucoup ensemble pour contrer la montée de l'humanisme dans le monde.

Situation :

Tout est fait dans les grandes institutions internationales, dans les grandes associations internationales et même dans certaines religions, pour mettre l'Homme au centre de tout. L'homme d'abord, tout pour lui. Sachant que la vie de l'homme est basée sur la satisfaction des besoins de la chair, l'homme cherchera à devenir un dieu et à satisfaire par-là tous les désirs de sa chair. Satan entraine dans ce champ de bataille l'humanité dans la chute qui fut la sienne. L'homme est, et Dieu n'est plus parce que mis de côté et remplacé par l'homme. On le constate même dans les églises où Dieu est caché dans un coin et tout se focalise sur l'homme qui devient l'acteur principal et le centre de tout. On sait bien à quelles actions mène la chair: débauche, impureté, obscénité, idolâtrie, sorcellerie, haines, querelles, jalousie, meurtres, colère, envie, divisions, sectarismes, rivalités, orgies et beuveries et tous les excès du même genre. Donc à une terrible jungle, à une vie sans Dieu.   Contrairement à une vie orientée et centrée vers Dieu, c'est-à-dire l'Esprit, et dont les fruits sont : la charité, la joie, la paix, la patience, la mansuétude, la bonté, la fidélité, la douceur, la tempérance. Et si l'humanité vit sans Dieu, l'accusateur viendra prendre sa place parmi les hommes et se déclarer comme étant Dieu. Il aura alors atteint son objectif et il demandera alors au vrai Dieu de maudire les hommes comme il a été maudit lui et de jeter le reste de cette humanité en enfer avec lui.

Prière :

O Dieu de l'univers, ton adversaire, te mettre hors de l'humanité et se présenter comme dieu à l'homme. Cela est tout simplement inadmissible. Homme qui t'a créé ? Qui t'aime véritablement sinon Dieu le Créateur ? Je pleure mon Dieu pour cette humanité qui périt faute de te connaitre Toi et que l'on manipule par ci par là l'entrainant à coup sûr à sa perte. O mon Dieu tout sauf ça, je te sais guerrier, je te sais vainqueur. Souviens-toi du sacrifice de l'Agneau qui seul est digne et prend ton ennemi à son propre piège. Donne à l'humanité le don de te connaitre véritablement et ne concède plus du terrain à ton ennemi, pour le bien de Ton reste sur terre. Seigneur Te connaitre c'est t'aimer. Que l'humanité Te connaisse ô Dieu au nom de Jésus. Révèle-Toi puissamment et grandement à l'humanité. Que tout ce qui vit et respire se prosterne et t'adore, car Tu es Dieu et il n'y en n'a pas d'autres. Que tout ce qui existe te craigne et se plie à ton bon vouloir. La liberté de Ta création s'arrête là où Ta divinité commence ô Dieu. Alors que Ton armée et ses fiers cavaliers se déploient, que ton adversaire soit exposé et combattu, que Satan et ses suppôts soient mis hors d'état de nuire au nom de Jésus. Que le Règne de Dieu vienne sur terre. Amen

➢ Credo, Pater, je vous salue Marie des soldats de Marie, Gloire au Père…

Sixième jour :

Aujourd'hui, prions puissamment contre la colonisation et la recolonisation du monde par les puissances expansionnistes et impérialistes.

Situation :

Certaines personnes rêvent de dominer le monde entier. Elles ont redessiné la carte du monde. Elles œuvrent à tout instant pour faire du monde un monde unipolaire, créant le chaos, dans les nations soit à cause de leurs sous-sols, soit à cause de leurs projets de développement. Pour ce faire, elles renversent et tuent les Chefs d'Etats et de Gouvernements têtus et patriotiques, les remplaçant par ceux qui sont du même bord qu'eux. Elles utilisent tous les leviers à leurs dispositions même les religions pour parvenir à leurs fins. Dans ce champ de bataille, Satan pousse l'humanité dans une troisième guerre mondiale, qui sera plus sanglante et meurtrière que le deux premières réunies. Des blocs vont se constituer pour soit se défendre, soit attaquer. Les nations seront déstabilisées, des économies détruites. On assistera à la monté du Néonazisme, de l'antisémitisme, du terrorisme international, du racisme etc. Comme un feu de forêt, beaucoup de nations se retrouveront dans la plus terrible des guerres que l'humanité n'aura jamais connu. L'accusateur Satan sera rassasié de la chair humaine et ivre du sang humain. Il constituera son plus grand stock de sang et de chair pour le reste des temps, puisque de milliards de gens mourront dans une telle guerre avec des armes nucléaires, chimiques et bactériologiques. Il se moquera du chef d'œuvre de la création, c'est-à-dire de l'homme.

Prière :

O Dieu voici que l'homme redevient un loup pour l'homme et à grande échelle et ceci est le résultat d'une vie sans Toi. Je prie pour la fin de l'impérialisme humain, économique, politique et monétaire. Je prie pour que l'amour règne et que par l'amour et la crainte de Dieu, les différentes bêtes de l'apocalypse soient maitrisées et détruites. Que l'Esprit de Dieu se lève et rétablisse l'ordre mondial. Que l'oppresseur soit repoussé et rappelé à l'ordre. Que chaque nation jouisse et profite de son pétrole et de ses matières premières. Que les principautés et les dominations responsables de l'impérialisme et de la recolonisation des nations et des peuples soient détruites au nom de Jésus. Je prie pour l'unité des hommes, je prie pour un monde plus juste et un monde plus sûr.   Que le nouvel ordre mondial soit tel que Dieu le seul, l'unique et le véritable le prescrit et non comme certaines nations et certaines sociétés secrètes le projettent au nom puissant de Jésus. Amen

> ➤ Credo, Pater, je vous salue Marie des soldats de Marie, Gloire au Père…

Septième jour :

Aujourd'hui, prions grandement pour la protection et la restauration du cadre qui garantit la vie sur terre : l'écosystème.

Situation :

2014 a été déclaré année la plus chaude de ces 30 dernières années. On observe la fonte des glaciers partout dans le monde, la déforestation s'accroit, la production des gaz à effet de serre ne diminue pas. L'écosystème en pâtit tous les jours. La règle d'or est de s'industrialiser davantage pour faire plus de profits, pour se développer davantage quelque soit le coût en terme de dégâts sur l'écosystème. Pour Satan cette situation favorisera l'essor des nouvelles maladies et les générations à venir vivront dans des conditions très difficiles pour respirer, boire et manger. Par conséquent beaucoup mourront de pollution et autres. La terre deviendra un no man's land.

Prière :

O Dieu ! Protège la terre que tu nous as donné. De la terre tu nous as tiré et à la terre nous retournerons à cause du péché. Voici donc que les conditions qui permettent la vie sur terre sont menacées. Cette situation sonne le compte à rebours de l'existence même de l'homme sur terre. Seigneur touche le cœur des hommes qui sont entrain de détruire le futur de leur espèce à grande échelle au nom du profit et du développement à outrance. Il devient impossible de respirer normalement dans certaines grandes villes à cause du gaz à effet de serre. L'homme est exposé aux radiations du soleil sans protection, des terres reculent au profit des eaux ainsi que des forêts au profit du désert. Seigneur jusqu'où est prêt à aller l'homme pour satisfaire ses besoins ? Jusqu'où sont prêts à aller les nations pour dominer le monde ? Des guerres sont créées çà et là à cause de la terre et des richesses naturelles créant le chaos un peu partout dans le monde. O Dieu dans le feu de ta jalousie, vient de façon durable au secours du dispositif que tu as créé pour que la vie perdure sur terre. Que les esprits démoniaques qui poussent les hommes à détruire l'écosystème soient eux-mêmes détruits par ta fureur O Dieu au nom puissant de Jésus. Que Dieu dans son amour et sa bonté restaure l'écosystème au nom de Jésus. Et que la vie soit préservée et protégée sur terre au nom de Jésus. Amen

➢ Credo, Pater, je vous salue Marie des soldats de Marie, Gloire au Père…

Huitième jour :

Aujourd'hui, prions beaucoup pour la conversion de l'humanité entière.

Situation :

L'individualisme règne en maître sur la terre, chacun pour soi est le mot d'ordre. Les hommes ne s'aiment plus, l'immoralité a remplacé la moralité. C'est la course à la richesse et tous les coups sont permis. Pour y arriver il faut pactiser avec le dieu « argent » qui se nourrit du sang et de la chair humaine, de la méchanceté et la haine, des assassinats et des injustices. Satan tient le nerf de la guerre, il pousse les hommes à adorer et à vénérer l'argent, créant partout dans le monde, l'envie et les convoitises de toutes sortes.

L'autre dieu à vénérer et adorer c'est le dieu « science » qui par ses prodiges a réussi à éjecter le vrai Dieu hors des vies de plusieurs. Pourquoi prier encore, puisque la science répond à nos prières et nous rend la vie facile ? Ces deux dieux sauveront-t-ils les âmes ? Satan confirme qu'il est véritablement le prince de ce monde et beaucoup lui font allégeance consciemment ou non. Vous reconnaitrez l'arbre à ses fruits. Et les fruits produits par l'humanité d'aujourd'hui montrent bien de quel arbre ils proviennent.

Prière :

O Dieu de miséricorde, montre-nous ta miséricorde et nous serons sauvés. Tellement nous péchons contre toi, tellement nous nous détestons et nous sommes plein d'égoïsme. Ne regrette pas Seigneur de nous avoir créés et ne décide pas de nous détruire. Souviens-toi Seigneur que Jésus est venu pour une multitude et à cause de cette multitude sauve le monde, sauve l'humanité du péché et des flammes de l'enfer. Ton ennemi le déchu a beaucoup investi pour éloigner l'humanité de son créateur, poussant ainsi l'humanité vers une mort certaine, mais c'était sans compter sur Ta miséricorde donnée seulement au genre humain. Tu as dit Seigneur, que tu ne veux pas la mort du pécheur mais sa conversion. Donne donc aux pécheurs que nous sommes la possibilité de se convertir au quotidien car là où le péché abonde, la grâce surabonde. Que l'humanité se convertisse au nom de Jésus. Que Dieu accorde à l'humanité sa miséricorde au nom de Jésus. Que Dieu réprime Satan et que les démons responsables de la chute des hommes soient mis hors d'état de nuire et détruits au nom puissant de Jésus. Que l'humanité retourne à son Créateur, l'aime et l'adore au nom de Jésus. Amen

➢ Credo, Pater, je vous salue Marie des soldats de Marie, Gloire au Père…

Neuvième jour :

Aujourd'hui, prions beaucoup et puissamment pour que l'humanité découvre et redécouvre son Créateur et son Dieu.

Situation :

Un monde sans Dieu court vers sa perte et la chute sera terrible. La créature a eu le libre arbitre, et elle a choisi tout ce qui va à l'encontre du Créateur. Où est donc la place du Dieu Créateur ? Certains disent que Dieu serait mort, et d'autres affirment qu'Il est vivant mais qu'Il doit rester loin des hommes et des affaires de ce monde. *« Notre Père qui es aux cieux, restez-y ! »*. Pourtant Il est vivant, présent et plein d'amour et de miséricorde, protégeant jour et nuit ceux qui se retournent vers Lui sans qu'ils ne s'en rendent compte pour la plupart. Quand tu échappes à une situation, tu t'écries : J'ai de la chance ! Au lieu de t'écrier : Merci Seigneur ! Satan fait tout pour mettre les douleurs et les malheurs de l'humanité sur le compte de Dieu et tous les succès et réussites de l'humanité sur son compte. Dieu a un discours pacifiste, d'amour de miséricorde, de tolérance et de pardon. Il t'invite à redécouvrir les vraies valeurs de l'homme et à revenir à Lui. Il te propose la vie véritable et éternelle, la paix et l'harmonie véritables. Contrairement aux autres faux dieux qui vendent la mort, vous dépouillent de tout et vous détruisent sans pitié.

Prière :

Dieu d'Abraham, d'Isaac et de Jacob soit béni. Tu es Dieu, seul, unique et véritable. Dans Ta grande sagesse, Tu as tout créé et toute la création te reconnait comme Dieu et comme Créateur. Des quatre coins du monde quelque soit le temps que cela prendra Tu seras connu et aimé. Oh si l'humanité connaissait le don de Dieu ? Oui Tu désires être aimé, mais pour cela il faut que Tu sois connu, car Te connaitre c'est T'aimer. Suscite donc les hommes de foi partout dans le monde entier qui Te feront connaitre de tous ô Dieu. Que ce monde soit chaud à cause de Ta Parole et de l'Amour de Dieu. Que les hommes soient grands de par la foi et par l'Esprit afin qu'ils soient capables de mettre en déroute toutes les puissances des anges déchus. Que le règne de Dieu se découvre au milieu des hommes ici sur terre et que la volonté de Dieu soit faite sur terre comme au ciel. Maintenant Père, Toi dont l'Esprit repose en toute chair, révèles-Toi puissamment à l'Homme que tu fis à votre image et à votre ressemblance au nom de Jésus. Sois Dieu, sois Père, Seigneur, sois Sauveur, sois bienfaiteur, sois lumière, sois nourriture et boisson et sois protecteur de l'humanité entière au nom de Jésus. Amen

➢ Credo, Pater, je vous salue Marie des soldats de Marie, Gloire au Père…

2. NEUVAINE DE PRIERE EN L'HONNEUR DE SAINT ELIE « *LE TICHBITE* », SERVITEUR ET PROPHETE DE L'ETERNEL.

Cette neuvaine a été demandé par le prophète Elie lui-même, lors d'une visitation où il fait la demande à son serviteur en ce sens : « *Mon fils il n'y a pas de neuvaine pour moi sur la terre. Ecris une neuvaine en mon honneur, l'Esprit Saint t'inspirera.* » Quelque jours plus tard, il revient visiter son serviteur et lui dit « *Je te remercie beaucoup mon fils, l'Esprit Saint t'a bien inspiré et cette neuvaine aidera beaucoup de personnes en ces temps que traverse l'humanité.* »

Premier jour :

Quand Achab, sous l'influence de Jézabel, son épouse tyrienne, fut devenu un adorateur du Baal de Tyr, Elie paraît tout à coup. Il se présente devant le souverain perverti, lui annonce une sécheresse de durée indéterminée, châtiment de l'apostasie. La famine sévit : Elie se retire d'abord près du torrent de Kerith, où des corbeaux envoyés par l'Eternel le nourrissent du pain et de la viande matins et soirs et il boit l'eau du torrent. (Méditer 1Rois17 : 1 à 6)

L'humanité aujourd'hui adore tout ce que Dieu hait. L'idolâtrie, le sectarisme, le fanatisme, l'argent, le sexe, la mode, la science, la technologie, la politique….ont pris la place du Dieu vivant dans le monde d'aujourd'hui. Voici que l'Eternel, le Dieu vivant, le Dieu jaloux, le Dieu d'Israël est en colère. A cause de Sa colère, la famine sévit dans le monde, il manque d'argent, il y a échec des récoltes, il y a des guerres et des risques de guerre çà et là, et des populations manquent de l'eau potable.

O Eternel Dieu d'Elie, en cette période difficile par laquelle passe l'humanité, préserves-nous ; nous t'en prions de la famine et de la soif comme tu l'as fait pour ton serviteur Elie en son temps, en le faisant nourrir tous les matins et les soirs par des corbeaux qui lui apportaient du pain et de la viande ; et Tu lui donnais l'eau du torrent à boire. N'oublies pas ceux qui subissent la guerre et les laissés pour compte. Nous te le demandons, Toi qui nourris les oiseaux du ciel et les poissons des mers par l'intercession de ton serviteur et prophète Elie le tichbite. Amen
➢   Litanie de Saint Elie

Deuxième jour :

Lorsque le torrent de Kerith est à sec, Elie se rend à Sarepta sur la côte méditerranéenne, au Nord de Tyr. Il y a là une veuve qui met sa confiance en l'Eternel et partage sa dernière galette avec Elie. Alors Dieu intervient : la jarre de farine et la cruche d'huile ne s'épuisent pas avant que la famine ait pris fin. (Méditer 1Rois17 : 7 à 16)

La charité de nos jours s'est éteinte, les gens n'ont plus de compassion pour les autres. C'est chacun pour soi. Les riches sont de plus en plus riches, les pauvres de plus en plus pauvres, et même le peu qu'ils ont, tout est fait pour le leur enlever. Où sont passées la fraternité et la solidarité si ce n'est pour servir nos intérêts, envahir et déstabiliser les nations faibles pour leurs matières premières et oppresser les petits parce qu'on a le pouvoir, parce qu'on est puissant ? Homme pourquoi ne crains-tu pas Dieu, qui t'a créé toi et tous ces biens ?

Voici que Dieu te tourne le dos parce que tu ne Le crains pas, Lui non plus n'a plus compassion de toi et Il ne te restera plus que des pleurs et des grincements de dents à cause des fléaux de toutes sortes qui vont t'arriver : c'est la mort assurée.

O Eternel Dieu d'Elie, en ces temps où la majeure partie de l'humanité t'a tourné le dos, nous te prions O Dieu d'augmenter en nous la Foi, la Charité et l'Espérance ; de mettre en nous ta crainte afin que le petit nombre qui te reste fidèle ait compassion des pauvres, des veuves et des orphelins, des étrangers et des invalides, des malades et des prisonniers. A l'exemple de cette veuve qui te craignait et qui n'avait pas hésité non seulement d'accueillir chez elle ton serviteur le prophète Elie mais aussi de partager son dernier repas avec lui. Dieu d'Elie, Dieu de la veuve et de l'orphelin, à cause de la charité, Tu fis en sorte que la farine et l'huile ne manquassent jamais chez cette veuve ; fais de même pour nous et nos familles par l'intercession de ton serviteur

le prophète Elie nous t'en supplions afin que ceux qui te craignent ne meurent point de famine et qu'ils aient toujours à manger pour ceux que tu les enverras. Amen
➢ Litanie de Saint Elie

Troisième jour :

Le fils unique de la veuve meurt ; la prière du prophète le rappelle à la vie. (Méditer 1Rois17 : 17 à 24)

On a coutume de dire, lorsqu'on naît, on est assez vieux pour mourir. Mais l'homme de nos jours, a trouvé mieux, l'enfant n'a plus besoin de naître pour grandir et mourir. On se débarrasse de lui à l'état embryonnaire. A cause de l'évolution des sciences, de la technologie et de la médecine, l'homme décide si l'enfant va naître ou pas, et de quel sexe il sera. L'ambition de l'homme aujourd'hui est d'égaler le Créateur en créant lui- même la vie. Pour cela il se livre à des manipulations génétiques, à toutes sortes d'expériences sur des cellules souches et des embryons. Dans certaines nations l'avortement et l'homosexualité sont légalisés et dans d'autres les enfants sont soit soumis aux travaux forcés, soit enrobés de force dans l'armée. La plupart de temps, tous étant des pauvres, des abandonnés ou des orphelins. Certaines personnes trouvent que la planète est surpeuplée et il faut tout faire pour protéger les ressources, mais en faisant tout pour ne pas améliorer les conditions de vie des hommes, c'est ainsi que les maladies comme la malaria dont on connaît pourtant le vaccin et bien d'autres continuent à tuer des millions d'enfants dans la seule partie du tiers monde. A cause de cela, Dieu est en colère contre ces nations et Il déchaînera contre elles les éléments de la nature pour frapper des hommes, des maisons et des villes.

O Eternel Dieu d'Elie, Tu es vivant et Tu es le Dieu des vivants. Par ta miséricorde, nous te prions d'avoir pitié des enfants qui meurent tous les jours par milliers dans l'humanité à cause de l'irresponsabilité des hommes et des personnes sans scrupules qui ne pensent qu'à leurs intérêts. Souviens-toi d'eux et reçois-les dans ton royaume. Pour tous ceux qui manquent la santé de l'âme et du corps (citez leurs noms) nous te supplions avec la même confiance qu'a eu le prophète en Toi et sûr de ton amour pour nous, de leur redonner instantanément la santé du corps et de l'âme, par l'intercession de ce même prophète Elie le Tichbite amen.
➢ Litanie de Saint Elie

Quatrième jour :

Elie reçoit de l'Eternel l'ordre de se présenter devant Achab. Il s'ensuit la scène du Carmel. Les prêtres païens essayent de prouver la divinité de Baal mais en vain. Elie rassemble le peuple autour d'un ancien autel que de pieux Israélites du Nord avaient sans doute élevé à l'Eternel, car, à cause de la défection des 10 tribus, ils ne pouvaient pas aller à Jérusalem. Cet autel avait été renversé. Elie, en le rétablissant avec 12 pierres, atteste silencieusement que le schisme des 12 tribus en 2 royaumes est contraire à la volonté de Dieu. Pour empêcher toute fraude, il ordonne au peuple de verser de l'eau sur l'holocauste et sur l'autel. Puis il implore l'Eternel, et le feu tombe, consumant l'holocauste et l'autel. L'Eternel a manifesté ainsi son existence et sa puissance. Les prophètes de Baal, convaincus d'imposture, sont amenés au torrent de Qichôn, au pied de la montagne ; Elie ordonne de tous les égorger. (Méditer 1Rois18 : 15 à 40)

Humanité que cherches–tu ? Tes dieux sont aussi nombreux que tes fils et tes religions que tes abris. Par tes ancêtres tu as tourné le dos à ton Créateur, aujourd'hui, tu dis qu'il n'existe pas et tu vas à d'autres dieux que Lui. Il t'avait envoyé ses prophètes et tu les as mis à mort. Il t'a envoyé son Fils unique, tu ne l'as point reçu et tu l'as mis à mort. Tu as choisis d'accueillir chez toi les faux dieux et les faux prophètes que t'envoies l'ennemi du Dieu vivant.

Tu t'es détourné du Chemin pour suivre l'adversaire, le tentateur ;   Tu t'es détourné de la Vérité pour écouter, le présomptueux, l'avide, l'orgueilleux ; Tu t'es détourné de la vie pour embrasser la mort, l'accusateur, le blasphémateur ; Tu t'es détourné de celui qui es fidèle pour recevoir l'infidèle, la bête, le faux prophète.

Aujourd'hui, pour la plupart de tes fils, les mots : **S**acrilège, **A**théisme, **T**urpitude, **A**nti charité et **N**égation sont devenus les mots qui constituent leur devise ; c'est à dire le nom de celui en qui ils croient vraiment (SATAN). Les religions se multiplient au milieu de toi, vous divisant faisant de vous plusieurs troupeaux, la Parole de Dieu est détournée et mal enseignée, les charlatans, les marabouts, les médiums, les faux prêtres et les faux prophètes prospèrent au milieu de vous, d'autres se prenant pour le Seigneur et Sauveur. Vous les acclamer, les vénérer, vous vous faites la guerre au nom de Dieu et vous versez le sang des innocents pour servir vos intérêts et non celui du Divin. Voici que l'Eternel Dieu Créateur, fera des grands signes au milieu de vous pour que vous revenez à lui, et si vous ne le faites pas, le Dieu de Moise et d'Elie vous frappera par le feu, pour que vous comprenez qu'Il est le Dieu vivant et qu'il n'y a point d'autres.

O Eternel Dieu d'Elie, Tu es vivant et il n'y a point d'autres dieux devant Ta face. Je te prie de te souvenir aujourd'hui du sacrifice de ton Divin Fils notre Seigneur et Sauveur et sort l'humanité d'aujourd'hui de l'aveuglement spirituel, de l'emprise

des faux prophètes, des fausses religions, et des fausses doctrines. Nous te prions de donner en rançon pour nos âmes le Précieux Sang de Ton Divin Fils pour que nous soyons libérés des sectes exotériques et pernicieuses, des associations diaboliques, des esprits impurs et mauvais, des totems et des fausses pratiques. Délègue enfin O Dieu le prophète Elie combattre et anéantir tous les faux prophètes et tes ennemis au milieu de ton peuple comme il l'a fait pour les prophètes de baal. Nous te le demandons en suppliant par l'intercession du même prophète ton serviteur Elie le Tichbite. Amen
➢ Litanie de Saint Elie

Cinquième jour :

Le peuple a reconnu que l'Eternel est Dieu et a obéi au commandement de son prophète. Les nuages se rassemblent, annonçant la pluie et le retour de la faveur divine. Le prophète, pour honorer le souverain du peuple élu de Dieu, ceint ses reins et court devant le char d'Achab jusqu'à la porte de Jizreel. (Méditer 1 Rois18 : 41 à 46)

L'homme qui plait au Seigneur Dieu de l'Univers c'est celui-là qui se reconnaît pécheur, par conséquent prend donc la décision de ne plus vivre loin du Dieu vivant, et de revenir à lui. C'est celui-là qui a la crainte de Dieu et qui garde ses commandements. A un tel homme il donne Sa lumière, Sa faveur et Son Esprit repose sur lui. Oui l'Eternel est un Dieu Miséricordieux, Il frappe à ton cœur tous les jours pour que tu le laisses entrer et qu'Il soit le maitre de ta vie. Il est également un Dieu jaloux et ne veut te partager avec personne. Oui notre Dieu nous aime et Son amour est fidèle. Tout comme l'enfant prodigue tu reviens à lui aujourd'hui, le reconnaissant comme Dieu, en prime Il te donne son Fils unique comme frère. Et si tu l'acceptes, Il t'appellera fils. Quelle joie de devenir fils de Dieu ! Homme, ne te laisse plus jamais séparer de Dieu et ainsi, tu ne manqueras jamais de rien car l'Eternel désormais demeure avec toi, et si tu as Dieu pour toi, qui peut donc être contre toi ?

O Eternel Dieu d'Elie, contre toi j'ai péché et je me suis éloigné de ta face, mais aujourd'hui je désire de tout mon cœur, de toute mon âme et de tout mon esprit revenir à toi. Loin de toi j'étais mort mais ton amour pour moi m'a ramené à la vie. J'étais perdu et tu m'as retrouvé, j'étais malade et tu m'as guéri, j'étais possédé, et tu m'as délivré, j'étais désespéré et tu m'as redonné l'espoir. Maintenant O Dieu accepte mon pardon et fais de moi un homme nouveau et garde moi dans ton amour et dans ta faveur. Bénis moi pour que je ne manque plus jamais de l'essentiel dans ma vie. Je te le demande par l'intercession de ton serviteur Elie le Tichbite amen. Béni soit le Dieu D'Elie, béni soit ses serviteurs.
➢ Litanie de Saint Elie

Sixième jour :

Jézabel, furieuse de la mort de ses prophètes, jure la mort d'Elie, qui s'enfuit à la montagne d'Horeb. Comme Moïse, il est divinement soutenu pendant 40 jours et 40 nuits. (Méditer 1Rois19 : 1 à 8)

La lumière est venue dans le monde et le monde ne l'a point connue. Mais cependant, le monde persécute et met à mort ceux qui l'ont reçu. O Dieu à cause de ma lumière, je suis combattu, je suis persécuté, je ne prospère pas dans mes activités. On m'enlève même le peu que j'ai. Des jours comme de nuits, je ne dors pas, l'ennemi me guette, il veut ma mort. A cause de ton nom, je ne trouve de paix nulle part, tes ennemis ont juré ma perte. Où trouver la paix et la sécurité dans ce monde malade et plein de ténèbres ? Je prends la fuite et ils me rattrapent, je me cache et ils finissent par me retrouver. Je n'en peux plus, vivre est devenu impossible pour moi et j'ai envie de mourir pensant que c'est le seul moyen d'avoir la paix. Mais avant je crie vers toi une énième fois comme Elie l'a fait avant moi *« Seigneur c'est trop prends ma vie ! Je ne suis pas meilleur que mes ancêtres.».* Voici que tu ne me laisses pas tombé, mon cri est monté jusqu'à toi. Oui celui qui a la crainte de Dieu n'est jamais seul et tu envoies ton ange voler à son secours. Tu as vu O Dieu ma souffrance, tu t'es souvenu de moi et maintenant tu me nourris de ta propre main, tu me fortifies, tu me conduis en sécurité vers le lieu où tu m'attends. Oui Seigneur j'ai cru en toi et tu ne m'as point abandonné, et quelque soit la durée de la traversée du désert ton ange veille sur moi.

O Eternel Dieu d'Elie et de Moise, Tu es fidèle à ceux qui te font confiance. Tu as fait à l'époque traverser le désert à Moise, où il a marché 40 jours et 40 nuits, mais c'était pour venir à ta rencontre. Tu as fait marcher Elie pendant 40 jours et 40 nuits dans le désert, mais c'était pour venir à ta rencontre. Tu as fait passer au messie, ton Fils unique 40 jours et 40 nuits dans le désert sans boire, ni manger. Aujourd'hui c'est mon tour, et c'est maintenant que je réalise que c'est pour mon bien, car au sortir de ce désert, je serai purifié et prêt à te rencontrer. Car la rencontre avec toi sur la terre est un privilège réservé qu'à tes grands élus. Seigneur Dieu d'Elie et de Moise, donne à tous les hommes de comprendre qu'il faut que ton Esprit les guide dans le désert pour qu'ils soient éprouvés et purifiés, ce qui les conduira devant ta face. Cependant O Dieu, pour que je puisse arriver là où tu m'attends, laisses ton ange me fortifier, et veiller sur moi comme ce fut le cas de Moise, d'Elie et de Ton Fils bien aimé. Nous te le demandons par l'intercession du prophète Elie le Tichbite. Amen

➢ Litanie de Saint Elie

Septième jour :

Avec un déploiement extraordinaire de puissance et de douceur, Elie est blâmé puis rappelé à son devoir. Dieu lui ordonne d'oindre Hazaël roi de Syrie, et Jéhu roi d'Israël, pour qu'ils châtient l'idolâtrie d'Israël. Elie doit aussi oindre Elisée prophète à sa place, pour annoncer le jugement. Elie jette son manteau sur Elisée, lui adresse vocation et le charge d'exécuter le reste de sa mission. (Méditer 1Rois19 : 9 à 21)

Le plus souvent dans la vie des hommes, tout passe avant Dieu, on se souvient de lui quand on est en difficulté et on se surprend entrain de prononcer son nom. Pour certains, le nom de Dieu est évoqué pour être blasphémé, pour d'autres pour être prononcé en vain. Nous passons, nous qui nous réclamons de Dieu, le clair de notre temps à Le chercher là où Il n'est pas. Dans les édifices de pierres et de bois, mais il n'y est pas ; dans des sectes et des religions, il n'y est pas ; dans des statuettes et des représentations quelconques, mais il n'y est pas ; dans la politique et la richesse, mais il n'y est pas ; dans le fanatisme, la haine et la guerre, mais il n'y est pas ; chez les marabouts, dans les pratiques et dans les ténèbres, mais il n'y est toujours pas. Il est là où il y a la paix, la douceur, l'amour. Il est dans le Saint Sacrement de l'autel, Il est en ton prochain et dans ton cœur, et Il te parle dans la douceur. Il te donne ses commandements, tu ne les observes pas. Il te montre le chemin, et tu ne le suis pas. Il te rappelle à l'ordre et toi tu t'en fous, tu ne fais qu'à ta tête. Il te donne le pouvoir pour servir, mais ton orgueil t'a rendu superbe et tu te sers toi-même. A cause de cela, l'Eternel vient t'enlever ta charge pour donner à quelqu'un d'autre ; qu'il prenne ta charge et qu'il accomplisse la volonté de Dieu. N'échapperont que ceux qui ont la crainte de Dieu et qui sont restés dans sa présence.

O Eternel Dieu d'Elie, tu viens à la rencontre de ceux qui te cherchent en vérité et en esprit. Le pouvoir et l'autorité viennent de Toi et Tu n'as pas changé. Tu demeures le même hier et aujourd'hui. Oins-moi donc avec ton huile sacrée et confies moi un manteau pour que je fasse ta mission et ta volonté partout où tu voudras. Confie-moi une charge, pour que je puisse te servir conformément à ta volonté là où tu m'établiras. Quelque soit ma croix, donne-moi de la porter sans me plaindre car c'est parce que tu savais que j'étais capable que tu me l'as confiée depuis la création du monde. Que Ta main droite mon Seigneur me soutienne toujours dans mes soucis du quotidien pour que, quand viendra la fin, je reçoive le trophée du vainqueur. Je te le demande par l'intercession de ton serviteur et prophète Elie. Amen

➢ Litanie de Saint Elie

<h3 align="center">Huitième jour :</h3>

Jézabel avait fait mourir Naboth par l'entremise des magistrats, afin d'obtenir sa vigne pour Achab. Elie se rendit sur le terrain convoité pour y rencontrer le roi et lui prédire le châtiment de l'Eternel. La mort d'Achab, dans la bataille de Ramoth en Galaad, fut le début du jugement prononcé par Elie contre la maison royale. Ahazia, fils et successeur d'Achab, se blessa en tombant d'une fenêtre ; il envoya des messagers consulter Baal-Zebub, idole d'Ekron, afin de savoir s'il guérirait. Elie arrêta les messagers et les renvoya. Il fit descendre 2 fois le feu du ciel, qui consuma 2 chefs commandant chacun 50 hommes et chargés par le roi de s'emparer d'Elie. Le 3 e chef qui se présenta devant le prophète le supplia de l'épargner ; Elie alla avec lui auprès d'Ahazia. (Méditer 1Rois21 : 5 à 25 et 2Rois1 : 2 à 17)

Un peuple sans révélations est un peuple sans frein. Humanité, es-tu un peuple sans révélations ? Non car Dieu te parle, encore plus aujourd'hui que hier, mais tu n'écoutes pas. Il a mis au milieu de toi ses prophètes, et ses serviteurs mais tu n'écoutes pas, Il a donné à tes jeunes gens des visions et à tes vieillards des songes, mais tu n'écoutes toujours pas. Tu as sa parole, mais tu lis sans comprendre, tu écoutes sans entendre. Tu vas jusqu'à déclarer que Dieu est mort dans son Eglise et tu vas voir ailleurs où on te promet les miracles et on te dit ce que tu veux entendre, alors que c'est ta foi qui est morte. Voici que le Dieu vivant t'interpelle tout le temps et tu ne changes pas. Le mépris de Dieu, de son Eglise, de ses serviteurs déborde la coupe et le feu descendra de nouveau du ciel pour te consumer dans ton orgueil et ta fierté. Les humbles et les miséricordieux y échapperont.

O Eternel Dieu d'Elie, tu n'hésites pas de laisser ta puissance venir en aide à ceux qui ont mis leur confiance en toi, ceci par amour pour eux et pour ta gloire. Donne encore aujourd'hui à tes serviteurs la capacité de faire descendre du ciel, le feu purificateur, le feu de guérison, le feu de délivrance, le feu de protection, le feu d'amour, le feu de la justice, le feu d'Uriel archange, le feu de Moise et le feu d'Elie ; Parce que Seigneur tu n'as pas changé, tu es resté le même hier et aujourd'hui et tu seras encore le même demain. C'est l'homme qui a changé. Ainsi donc Seigneur, les âmes pourront revenir à toi rassurées. Et ce qui est juste et bien pourra perdurer. Que ton feu Eternel nous anime, qu'il consume en nous tout mal et qu'il nous protège des fléaux d'aujourd'hui et de demain. Nous te le demandons en suppliant par l'intercession d'Elie le prophète. Amen

➢ Litanie de Saint Elie

Neuvième jour :

Le prophète eut finalement l'honneur, octroyé auparavant au seul Hénock (Gen 5.24) d'être enlevé au ciel sans passer par la mort. Un char et des chevaux de feu apparurent à Elie, qui était allé à l'Est du Jourdain avec son serviteur Elisée. Ce prodige les sépara, et Elie monta au ciel dans un tourbillon. (Méditer 2Rois2 : 1 à 15)

Jusqu'à ce jour, seuls Hénok, Elie et Jésus ont été enlevé au ciel corps âmes et esprits. Elie par un char de feu tiré par des chevaux de feu dans une tornade. De Même nous savons qu'Elie reviendra ; Mal 4 :5,6 « ***Voici, je vous enverrai Élie, le prophète, Avant que le jour de l'Éternel arrive, Ce jour grand et redoutable. Il ramènera le cœur des pères à leurs enfants, Et le cœur des enfants à leurs pères, De peur que je ne vienne frapper le pays d'interdit*** » Jean-Baptiste est venu "avec l'Esprit et la puissance d'Elie", humble et zélé comme le Tichbite ; mais il n'était pas Elie (Jean1 : 21). Elisée a revêtu une double portion de l'esprit d'Elie, mais il n'était que son serviteur. Elie reviendra probablement comme il était parti, ainsi qu'Hénock avant le deuxième avènement du Seigneur pour lui préparer un peuple bien disposé et pour de nouveau prouver que Dieu est Dieu. Il semble donc bien qu'il y a, comme c'est souvent le cas, deux accomplissements successifs de la prophétie de Mal 4 :5,6 ; l'un partiel, à la première venue du Christ (Mt 17 :10,12); l'autre, total, à sa deuxième venue. Le "rétablissement de toutes choses" c'est l'instauration du règne glorieux du Messie. Ac 3.20-21. Elie pourrait être (avec Hénock) l'un des 2 témoins d'Ap. 11.3-11. Sur la montagne de la Transfiguration, Elie, le prophète apparaît pour honorer Jésus. Son ascension et celle d'Hénock préfigurent sans doute l'ascension du Seigneur ressuscité. Les miracles marquant le ministère d'Elie appartiennent à la seconde des 4 périodes de miracles que présente l'histoire de la rédemption. Cette 2e période est celle de la lutte à outrance entre la religion de l'Eternel et le culte de Baal. Le maintien de la foi des pères ou l'apostasie était l'enjeu de cette bataille qui se déroula dans l'Israël du Nord.

O Eternel Dieu d'Elie, Tu as investi ton serviteur et prophète Elie d'une grande puissance, et Tu as permis à Elisée de revêtir une double portion de son esprit de prophète, et à Jean Baptiste de venir avec son esprit et sa puissance. Tu lui as donné non seulement le pouvoir de prophétiser en ton nom, mais aussi Tu l'as utilisé pour multiplier la farine et l'huile, de ressusciter les morts, et de faire descendre le feu du ciel. Tu le feras revenir encore avec un pouvoir plus grand pour ton nom, pour ta gloire, pour ton règne. Maintenant Seigneur Dieu d'Israël, Dieu d'Elie, à l'exemple du prophète Elisée, et par l'intercession du prophète Elie, donne-moi une double portion du pouvoir et de la puissance d'Elie, pour que je sois l'Elie de nos jours et que j'œuvre de toute mes forces à l'instauration du règne glorieux du Messie. Amen

➢ Litanie de Saint Elie

Chapitre III:
LES LITANIES

1. LITANIES DES SAINTS.

Invoquez toujours les Saints au moins une fois par jour, pour demander leur protection, leur direction, leur faveur. Ils vous accompagneront toujours lorsque vous faites appel à eux et vous échapperez à tous les pièges tendus par l'ennemi et réussirez dans toutes vos entreprises. Nous avons tenu compte de toute la communauté des Saints dans cette litanie.

Seigneur, ayez pitié de nous.

Christ, ayez pitié de nous.

Seigneur, ayez pitié de nous.

Christ, écoutez-nous.

Christ, exaucez-nous.

Père céleste, qui êtes Dieu, ayez pitié de nous.

Fils Rédempteur du monde, qui êtes Dieu, ayez pitié de nous.

Saint-Esprit, qui êtes Dieu, ayez pitié de nous.

Sainte Trinité, qui êtes un seul Dieu, ayez pitié de nous.

Sainte Marie, priez pour nous.

Sainte Mère de Dieu, priez pour nous.

Sainte Vierge des vierges, priez pour nous.

Saint Michel Archange, priez pour nous.

Saint Gabriel Archange, priez pour nous.

Saint Raphaël Archange, priez pour nous.

Vous tous saints Archanges de Dieu, priez pour nous.

Vous tous saints Séraphins de Dieu, priez pour nous.

Vous tous saints Chérubins de Dieu, priez pour nous.

Vous tous saints Trônes de Dieu, priez pour nous.

Vous tous saintes Vertus de Dieu, priez pour nous.

Vous tous saintes Dominations de Dieu, priez pour nous.

Vous tous Saintes Principauté de Dieu, priez pour nous.

Vous tous saintes Puissances de Dieu, priez pour nous.

Vous tous saints Anges de Dieu, priez pour nous.

Vous tous saints ordres des Esprits bienheureux, priez pour nous.

Saint Jean-Baptiste, priez pour nous.

Saint Joseph, époux de Marie, Priez pour nous.
Saint Abraham, Priez pour nous.
Saint Isaac et Saint Jacob, Priez pour nous.
Saint Joseph et Saint Moise, Priez pour nous.
Saint David, et Saint Salomon, Priez pour nous.
Saint Enoch et Saint Job, Priez pour nous.
Saint Isaïe et Saint Jérémie, Priez pour nous.
Saint Elie et Saint Elisée, Priez pour nous.
Vous tous saints Patriarches et saints Prophètes, priez pour nous.
Saint Pierre, et Saint Paul, priez pour nous.
Saint André, et Saint Jacques, priez pour nous.
Saint Jean, et Saint Thomas, priez pour nous.
Saint Philippe, et Saint Barthélemy, priez pour nous.
Saint Matthieu, et Saint Simon, priez pour nous.
Saint Thaddée, et Saint Mathias, priez pour nous.
Saint Barnabé, et Saint Luc, priez pour nous.
Saint Marc, priez pour nous.
Vous tous saints Apôtres et saints Evangélistes, priez pour nous.
Vous tous saints Disciples du Seigneur, priez pour nous.
Saint Etienne, priez pour nous.
Saint Ignace d'Antioche, Priez pour nous.
Saint Polycarpe de Smyrne, Priez pour nous.
Saint Justin, et Saint Laurent, Priez pour nous.
Saint Pothin et Sainte Blandine, Priez pour nous.
Saint Irénée de Lyon, Priez pour nous.
Sainte Perpétue et Sainte Félicité, Priez pour nous.
Saint Cyprien de Carthage, Priez pour nous.
Sainte Agnès, Priez pour nous.
Saint Thomas Becket, Priez pour nous.
Saint Thomas More, Priez pour nous.
Sainte Maria Goretti, Priez pour nous.
Saint Maximilien Kolbe, Priez pour nous.
Saint Vincent, priez pour nous.
Saint Denis avec les compagnons de votre martyre, priez pour nous.
Saint Fabien et saint Sébastien, priez pour nous.
Saint Jean et saint Paul, priez pour nous.
Saint Côme et saint Damien, priez pour nous.
Saint Gervais et saint Protais, priez pour nous.

Vous tous, saints martyrs, Priez pour nous.

Saint Léon le Grand, Priez pour nous.

Saint Grégoire le Grand, Priez pour nous.

Saint Ambroise de Milan, Priez pour nous.

Saint Jérôme et saint Augustin, Priez pour nous.

Saint Athanase d'Alexandrie, Priez pour nous.

Saint Basile le Grand, Priez pour nous.

Saint Grégoire de Nazianze, Priez pour nous.

Saint Jean Chrysostome, Priez pour nous.

Saint Hilaire de Poitiers, Priez pour nous.

Saint Martin de Tours, Priez pour nous.

Saint François de Sales, Priez pour nous.

Saint Pie X, Priez pour nous.

Vous tous, saints évêques et saints docteurs, Priez pour nous.

Saint Sylvestre, et Saint Grégoire, priez pour nous.

Saint Ambroise, et Saint Augustin, priez pour nous.

Saint Jérôme, et Saint Hilaire, priez pour nous.

Saint Martin, et Saint Rémy, priez pour nous.

Saint Nicolas, et Saint Sainctin, priez pour nous.

Saint Faron, et Saint Hildevert, priez pour nous.

Vous tous saints Evêques et saints Confesseurs, priez pour nous.

Vous tous saints Docteurs, priez pour nous.

Saint Antoine d'Egypte, priez pour nous.

Saint Benoît, et Saint Bernard, priez pour nous.

Saint Fiacre, et Saint Pathus, priez pour nous.

Saint Dominique, et Saint François, priez pour nous.

Saint Louis, et Saint Roch, priez pour nous.

Saint François d'Assise, Priez pour nous.

Saint Antoine de Padoue, Priez pour nous.

Saint Dominique, Priez pour nous.

Saint Thomas d'Aquin, Priez pour nous.

Saint Ignace de Loyola, Priez pour nous.

Saint François Xavier, Priez pour nous.

Saint Jean de la Croix, Priez pour nous.

Saint Vincent de Paul, Priez pour nous.

Saint Jean-Marie Vianney, Priez pour nous.

Saint Jean Bosco, Priez pour nous.

Vous tous saints Prêtres et saints Diacres, priez pour nous.

Vous tous saints Moines et saints Ermites, priez pour nous.

Sainte Marie-Madeleine, priez pour nous.

Sainte Catherine de Sienne, Priez pour nous.

Sainte Thérèse d'Avila, Priez pour nous.

Sainte Agathe, et Sainte Lucie, priez pour nous.

Sainte Agnès, et Sainte Cécile, priez pour nous.

Sainte Catherine, et Sainte Céline, priez pour nous.

Sainte Anastasie, et Sainte Fare, priez pour nous.

Sainte Geneviève, et Sainte Foi, priez pour nous.

Sainte Rose de Lima, Priez pour nous.

Sainte Bernadette Soubirous, Priez pour nous.

Sainte Thérèse de L'Enfant Jésus, Priez pour nous.

Vous toutes saintes Vierges et saintes Veuves, priez pour nous.

Sainte Anne, mère de Marie, Priez pour nous.

Sainte Monique, Priez pour nous.

Saint Louis de France, Priez pour nous.

Saint Nicolas de Flüe, Priez pour nous.

Sainte Elisabeth de Hongrie, Priez pour nous.

Sainte Jeanne d'Arc, Priez pour nous.

Saints et saintes d'Afrique, Priez pour nous.

Saints et saintes d'Europe, Priez pour nous.

Saints et saintes d'Asie, Priez pour nous.

Saints et saintes des Amériques, Priez pour nous.

Saints et saintes d'Océanie, Priez pour nous.

Saints martyrs d'autrefois et d'aujourd'hui, Priez pour nous.

Saints enfants, saints jeunes et saints vieillards, Priez pour nous.

Saints et saintes de mon pays, Priez pour nous.

Saints hommes et saintes femmes, Priez pour nous.

Saints et saintes inconnus qu'on ne fête qu'à la Toussaint.

Saints et saintes de l'Eglise universelle, Priez pour nous.

Vous tous Saints et Saintes de Dieu, intercédez pour nous.

Vous tous, saints et saintes de Dieu, Secourez nous.

Vous tous, Saints et saintes de Dieu, priez pour nous

Priez pour nous saints et saintes de Dieu !

Enfin que nous soyons dignes des promesses du Christ.

Prions : O Dieu trois fois saint ! Toi qui as créé les anges de tous ordres, les esprits bienheureux, et toutes les puissances d'en haut, Toi qui es le Père de tous les Saints hommes et de toutes les Saintes femmes, nous te prions de nous accorder l'aide, la protection, la direction, la bénédiction et les faveurs de toute la communauté des Saints pendant notre séjour ici-bas et leur accompagnement quand l'heure viendra pour nous de quitter cette terre, par Jésus le Christ Roi des Saints. Amen

2. LITANIE DES ANCETRES DE JESUS

Cette litanie nous a été recommandée comme étant une forte prière pour la coupure des liens avec les pratiques ancestrales. Par le baptême vous êtes devenu fils de Dieu et frère de Jésus-Christ. Par cette litanie, les ancêtres du Christ devenus les vôtres viendront donc couper tous les liens ancestraux qui agissent négativement contre vous.

Seigneur, ayez pitié de nous.
Christ, ayez pitié de nous.
Seigneur, ayez pitié de nous.
Christ, écoutez-nous.
Christ, exaucez-nous.
Père céleste, qui êtes Dieu, ayez pitié de nous.
Fils Rédempteur du monde, qui êtes Dieu, ayez pitié de nous.
Saint-Esprit, qui êtes Dieu, ayez pitié de nous.
Sainte Trinité, qui êtes un seul Dieu, ayez pitié de nous.
Sainte Marie mère de Dieu, priez pour nous.
Sainte Marie Reine des patriarches, priez pour nous.
Saint Abraham, priez pour nous.
Saint Isaac et saint Jacob, priez pour nous.
Saint Juda et saint Pharès, priez pour nous.
Saint Esrom et saint Aram, priez pour nous.
Saint Aminadab et saint Naasson, priez pour nous.
Saint Salmon et saint Booz, priez pour nous.
Saint Jobed et saint Jessé, priez pour nous.
Saint David et saint Salomon, priez pour nous.
Saint Roboam et saint Abia, priez pour nous.
Saint Asa et saint Josaphat, priez pour nous.
Saint Joram et saint Ozias, priez pour nous.
Saint Joatham et saint Achaz, priez pour nous.
Saint Ezéchias et saint Manassé, priez pour nous.
Saint Amon et saint Josias, priez pour nous.
Saint Jéchonias et saint Salathiel, priez pour nous.

Saint Zorobabel et saint Abioud, priez pour nous.

Saint Eliakim et saint Azor, priez pour nous.

Saint Sadok et saint Akhim, priez pour nous.

Saint Elioud et saint Eleazar, priez pour nous.

Saint Matthan et saint Jacob, priez pour nous.

Saint Joseph, priez pour nous.

Saints patriarches et ancêtres de Jésus, priez pour nous.

Agneau de Dieu qui enlevez les péchés du monde, pardonnez-nous, Seigneur.

Agneau de Dieu qui enlevez les péchés du monde, exaucez-nous, Seigneur.

Agneau de Dieu qui enlevez les péchés du monde, ayez pitié de nous, Seigneur.

Prions : O Dieu ! Vous qui avez voulu que votre peuple vous appel Dieu d'Abraham, d'Isaac et de Jacob pour l'éternité, venez en aide à nous autres qui invoquons les patriarches et les ancêtres de Jésus-Christ, en nous délivrant de tous liens et pactes ancestraux et familiaux qui agissent négativement dans nos vies ; Et accorde-nous paix, santé, bénédiction et prospérité par l'intercession de ces ancêtres et patriarches au nom Jésus. Amen

3. LITANIE DE L'ESPRIT SAINT

Seigneur, ayez pitié de nous.

Christ, ayez pitié de nous.

Seigneur, ayez pitié de nous.

Christ, écoutez-nous.

Christ, exaucez-nous.

Père céleste, qui êtes Dieu, ayez pitié de nous.

Fils Rédempteur du monde, qui êtes Dieu, ayez pitié de nous.

Saint-Esprit, qui êtes Dieu, ayez pitié de nous.

Sainte Trinité, qui êtes un seul Dieu, ayez pitié de nous.

Esprit Saint, je vous aime et je vous adore, purifiez-moi.

Esprit Saint, de tout péché non confessé, purifiez-moi.

Esprit Saint, de tout mal caché, purifiez-moi.

Esprit Saint, de tout blocage interne et externe, purifiez-moi.

Esprit Saint, de tout esprit d'infidélité, purifiez-moi.

Esprit Saint, de tout esprit de mensonge, purifiez-moi.

Esprit Saint, de tout esprit de discorde, purifiez-moi.

Esprit Saint, de tout esprit d'impureté, purifiez-moi.

Esprit saint, de tout esprit d'infirmité, purifiez-moi.

Esprit saint, de tout esprit de maladie, purifiez-moi.

Esprit Saint, de tout esprit de découragement, purifiez-moi.

Esprit Saint, de tout esprit de pauvreté, purifiez-moi.

Esprit Saint, de tout esprit de paresse, purifiez-moi.

Esprit Saint, de tout esprit de malédictions, purifiez-moi.

Esprit Saint, de tout esprit d'idolâtrie, purifiez-moi.

Esprit Saint, de tout esprit de sorcellerie, purifiez-moi.

Esprit Saint, de tout esprit de stérilité, purifiez-moi.

Esprit Saint, de tout esprit d'envoûtement, purifiez-moi.

Esprit Saint, de tout esprit de mauvais sort, Purifiez-moi.

Esprit Saint, des fausses visions et des rêves trompeurs, purifiez-moi.

Esprit Saint, des pièges de la divination et de fausses prédictions, purifiez-moi.

Esprit Saint, de toutes forces du mal, purifiez-moi.

Esprit Saint, de tout esprit d'empoisonnements nocturnes, purifiez-moi.

Esprit Saint, de tout esprit de déviation, purifiez-moi.

Esprit Saint de tout esprit de colère, purifiez-moi.

Esprit Saint de tout esprit de mépris, purifiez-moi.

Esprit Saint de tout esprit de vol, purifiez-moi.

Esprit Saint de tout esprit qui verse le sang humain, purifiez-moi.

Esprit Saint de tout esprit de haine, purifiez-moi.

Esprit Saint de tout esprit de jalousie, purifiez-moi.

Esprit Saint de tout esprit totem, purifiez-moi.

Esprit Saint de tout esprit d'animal, purifiez-moi.

Esprit Saint de tout esprit de forêt, purifiez-moi.

Esprit Saint de tout esprit des eaux, purifiez-moi.

Esprit Saint de tout esprit des airs, purifiez-moi.

Esprit Saint de tout esprit contraire, purifiez-moi.

V. Seigneur, envoyez-nous votre Esprit

R. Pour qu'il renouvelle la face de la terre !

Prions : Esprit Saint consolateur, Esprit de vérité, Toi qui es partout présent et qui remplis tout, donateur de vie, Viens et demeure en moi, purifie-moi et sauve-moi. Esprit Saint, Toi qui es Amour Eternel, viens, vivifier mon corps, mon esprit et mon âme. Viens renouveler en moi tes Dons Sacrés pour que je porte chaque jour les fruits de ton Amour. Ô Esprit Saint, donne-moi de te rencontrer personnellement pour vivre quotidiennement avec toi, pour me laisser conduire et guider par toi, pour grandir dans l'union à Dieu, dans cette communion qui me donne de voir Jésus dans chaque personne humaine. Viens Esprit Saint en moi et sur ma famille pour guérir ce qui est blessé, réchauffer ce qui est froid et assouplir ce qui est rigide.

Viens en mon histoire pour transfigurer ma vie, mes gestes, mes paroles, mon identité profonde afin que je vive de ta vie et de ton amour. Viens enfin mettre en moi la confiance en Dieu, me délivrer des mauvais esprits et me purifier des conséquences du péché au nom puissant de Jésus Christ. Amen

4. LITANIE DE SAINT MICHEL ARCHANGE

Seigneur, ayez pitié de nous.

Christ, ayez pitié de nous.

Seigneur, ayez pitié de nous.

Christ, écoutez-nous.

Christ, exaucez-nous.

Père céleste, qui êtes Dieu, ayez pitié de nous.

Fils Rédempteur du monde, qui êtes Dieu, ayez pitié de nous.

Saint-Esprit, qui êtes Dieu, ayez pitié de nous.

Sainte Trinité, qui êtes un seul Dieu, ayez pitié de nous.

Sainte Marie, priez pour nous.

Saint Michel, Chef du Paradis, affranchissez-nous.

Saint Michel, Chef des neufs chœurs des Anges, affranchissez-nous.

Saint Michel, Prince des milices célestes, affranchissez-nous.

Saint Michel, reflet de la Divinité, affranchissez-nous.

Saint Michel, Ange préféré de Dieu, affranchissez-nous.

Saint Michel, orné de toutes les grâces et de toutes les vertus, affranchissez-nous.

Saint Michel, Victorieux de Satan, affranchissez-nous.

Saint Michel, terreur des démons, affranchissez-nous.

Saint Michel, défenseur de l'Eglise Universelle, affranchissez-nous.

Saint Michel, défenseur des âmes justes, affranchissez-nous.

Saint Michel, défenseur de la paix, affranchissez-nous.

Saint Michel, défenseur des consacrés, affranchissez-nous.

Saint Michel, secours des chrétiens, affranchissez-nous.

Saint Michel, bon envers les pécheurs convertis, affranchissez-nous.

Saint Michel, qui nous donnez à tous un ange gardien, affranchissez-nous.

Saint Michel, notre intercesseur auprès de Dieu, affranchissez-nous.

Saint Michel, qui présentez à Dieu nos prières, affranchissez-nous.

Saint Michel, qui offrez à Dieu nos bonnes œuvres, affranchissez-nous.

Saint Michel, force des apôtres et des missionnaires, affranchissez-nous.

Saint Michel, lumière des Docteurs, affranchissez-nous.

Saint Michel, soutien des martyrs, affranchissez-nous.

Saint Michel, bouclier des enfants de Dieu dans le combat, affranchissez-nous.
Saint Michel, défenseur des enfants de Dieu dans le combat, affranchissez-nous.
Saint Michel, qui nous donne les victoires dans le combat, affranchissez-nous.
Saint Michel, défenseur des confesseurs de la Foi, affranchissez-nous.
Saint Michel, libérateur des possédés, affranchissez-nous.
Saint Michel, libérateur des captifs, affranchissez-nous.
Saint Michel, soutien des malades, affranchissez-nous.
Saint Michel, soutien des désespérés, affranchissez-nous.
Saint Michel, soutien des mourants, affranchissez-nous.
Saint Michel, libérateur des âmes du purgatoire, affranchissez-nous.
Saint Michel, source de force et de puissance, affranchissez-nous.
Saint Michel, notre guide et notre espérance, affranchissez-nous.
Agneau de Dieu qui ôtez les péchés du monde, pardonnez-nous, Seigneur.
Agneau de Dieu qui ôtez les péchés du monde, exaucez-nous, Seigneur.
Agneau de Dieu qui ôtez les péchés du monde, faites-nous miséricorde, Seigneur.
V. Priez pour nous, O Saint Michel archange !
R. Et obtenez-nous la délivrance.
Prions : Archange Michel, Vous qui avez reçu toutes autorités sur Satan et sur tous les autres esprits malins. Daignez je vous en prie nous délivrer, nous défendre et nous secourir dans le combat que nous avons à mener contre eux. Marchez à nos côtés et établissez l'empire de Dieu en nous. Grand Chef et Prince de la milice céleste, rendez-nous redoutables dans le combat et délivrez l'humanité de l'emprise du mal et de ses serviteurs, pour la Gloire de Dieu et le Salut du monde. Amen

5. LITANIE DE SAINT ELIE « *LE TICHBITE* »

ELIE était un homme de même nature que moi et il a dit : « *Si je suis de DIEU, que le feu descende du ciel et le FEU et est descendu* ».
Seigneur ouvre ma bouche et ma langue publiera ta louange.

Seigneur Dieu le Père….Aie pitié de nous.
Seigneur Dieu le Fils…
Seigneur Dieu le Saint Esprit…
Père Eternel….
Eternel des Armées…
Jésus Christ…………………Ecoute nous.
Jésus Christ……………….Exauce nous.
Fils, rédempteur du monde qui es Dieu…………………Aie pitié de nous.

Saint Esprit…

Esprit du Père et du Fils qui es Dieu…

Trinité Sainte qui es un Seul Dieu…………………Aie pitié de nous.

Seigneur Dieu !

Par l'envoi de l'Esprit Saint…...Sauves-moi Seigneur.

Par le Sang Précieux de Jésus Christ…

Par le nom puissant de Jésus…

Par L'Agneau immolé…

Par ta Parole…

Par la mort et la résurrection de Jésus…

Par ta grande Miséricorde…

Par ton Feu …

Sainte Marie, …………Prie pour moi.

Sainte Mère de Dieu…

Saint Elie…

Elie qui revêtait un vêtement de poils de chameau avec une ceinture de cuir autour des reins…

Elie qui fut nourrit par les corbeaux en buvant l'eau du torrent…

Elie par qui Dieu fit que la farine et l'huile ne manquent chez la veuve…

Elie par qui la prière ramena à la vie le fils unique de la veuve…

Elie qui rassembla le peuple autour d'un ancien autel élevé à l'Eternel…

Elie qui a rétabli l'autel du Seigneur avec douze pierres…

Elie qui fit tomber le feu consumant l'holocauste et l'autel…

Elie qui prouva l'imposture des prophètes de Baal…

Elie qui fit égorger les 450 prophètes de Baal et les 400 prophètes d'Astarté…

Elie qui fit revenir la pluie et la faveur divine…

Elie qui ceignit ses reins et courut devant le roi jusqu'à la porte de Jizreel…

Elie qui s'enfuit au désert jusqu'à la montagne d'Horeb…

Elie qui pendant sa fuite est divinement soutenu pendant 40jours et 40nuits…

Elie qui oint Hazaël, roi de Syrie…

Elie qui oint Jéru, roi d'Israël…

Elie qui oint Elisée, prophète à sa place…

Elie qui jeta son manteau sur Elisée pour terminer sa mission à sa place …

Elie qui par deux fois fit descendre le feu du ciel pour consumer deux chefs commandant chacun 50 hommes…

Elie qui épargna le troisième commandant et ses hommes qui le supplièrent …

Elie, maître d'Elisée le prophète…

Elie qui frappa l'eau du Jourdain avec son vêtement, le divisant en deux…

Elie qui monta au ciel par un char de feu tiré par des chevaux de feu…

Elie dont Elisée a revêtu la double portion de prophète…

Elie dont Jean Baptiste est venu avec sa puissance et son esprit…

Elie qui doit revenir pour le rétablissement de toute chose…

Eternel Dieu d'Elie !

Par l'intercession d'Elie…………… Délivres-moi Seigneur

Par les Puissances d'en Haut…

Par les neuf chœurs des anges…

Par Saint Michel Archange…

Par tes Archanges…

Par les Milices Célestes…

De tout péché…

De tout sang versé directement ou indirectement...

De la sorcellerie et de la captivité…

De la chair et du sang humain…

De l'idolâtrie et des faux dieux…

De tout blocage…

De tout mauvais esprit…

De toute possession diabolique…

De tout pacte satanique et diabolique…

De tout génie…

De tout totem…

De tout medium…

De tout envoûtement…

De toute secte satanique et exotérique…

De l'orgueil et de la jalousie…

De tout poison…

Des couches et des poisons de nuit…

Des maladies naturelles et surnaturelles…

Des maladies incurables pour l'homme…

Des maladies spirituelles…

Des ténèbres…

De l'aveuglement spirituel…

De toute peur…

De toute sorte d'infirmité…

De toute malédiction…

Du manque de succès et de réussite…

Du manque d'amour…

Du manque de confiance…

Du pouvoir des faux prophètes…

Du pouvoir de l'anti-christ…

Agneau de Dieu qui enlève les péchés du monde …...Pardonne-nous Seigneur

Agneau de Dieu qui enlève les péchés du monde………Exauce-nous Seigneur

Agneau de Dieu qui enlève les péchés du monde…………Aie pitié de nous seigneur.

Prions : Seigneur Dieu, Tu es le même hier, aujourd'hui et éternellement, et Tu agis encore. Ecoute à cette heure la voix, de ton serviteur et prophète Elie dont nous venons de contempler les merveilles, du fait que Tu l'as enrichit, et qu'en l'invoquant ici-bas, nous méritions de l'avoir pour intercesseur dans le ciel. Au nom de Jésus-Christ notre Sauveur qui vit et règne avec Toi dans l'unité du Saint-Esprit, Dieu pour les siècles des siècles. Amen

6. LITANIE DE LA DELIVRANCE DE L'HUMANITE

Seigneur, ayez pitié de nous.

Jésus-Christ, ayez pitié de nous.

Seigneur, ayez pitié de nous.

Jésus-Christ, écoutez-nous.

Jésus-Christ, exaucez-nous.

Père céleste, qui êtes Dieu, ayez pitié de nous.

Fils de Dieu, rédempteur du monde, ayez pitié de nous.

Esprit saint, qui êtes Dieu, ayez pitié de nous.

Trinité Sainte, qui êtes un seul Dieu, ayez pitié de nous.

Dieu, vous qui êtes l'Alpha et l'Omega, délivrez l'humanité !

Dieu, vous qui êtes Créateur de tout, délivrez l'humanité !

Dieu, vous qui êtes tout simplement, délivrez l'humanité !

Dieu, vous qui êtes Père, délivrez l'humanité !

Dieu, vous qui êtes Fils, délivrez l'humanité !

Dieu, vous qui êtes Esprit-Saint, délivrez l'humanité !

Dieu, vous qui êtes le Maître du monde, délivrez l'humanité !

Dieu, vous qui êtes Roi des rois, délivrez l'humanité !

Dieu, vous qui êtes Eternel des Armées, délivrez l'humanité !

Dieu, vous qui êtes le Maître du Cosmos entier, délivrez l'humanité !

Dieu, vous qui êtes Tout Puissant, délivrez l'humanité

Dieu, vous qui êtes le Père des Lumières, délivrez l'humanité !

Dieu, vous qui êtes Juge, délivrez l'humanité !

Dieu, vous qui êtes Eternel, délivrez l'humanité !

Dieu, vous qui êtes Vivant, délivrez l'humanité !

Dieu, vous qui êtes Seigneur des seigneurs, délivrez l'humanité !

Dieu, vous qui êtes Très-haut, délivrez l'humanité !

Dieu, vous qui êtes, qui Etiez et qui Venez, délivrez l'humanité !

Dieu, vous qui êtes Bienheureux et seul Souverain, délivrez l'humanité !

Dieu, vous qui êtes le Pain de vie, délivrez l'humanité

Dieu, vous qui êtes l'Auteur du salut, délivrez l'humanité !

Dieu, vous qui êtes le Souverain Pasteur, délivrez l'humanité !

Dieu, vous qui êtes le Consolateur d'Israël, délivrez l'humanité !

Dieu, vous qui êtes la Pierre de l'angle, délivrez l'humanité !

Dieu, vous qui êtes le Soleil levant, délivrez l'humanité !

Dieu, vous qui êtes le Libérateur, délivrez l'humanité !

Dieu, vous qui êtes Convoitise de toutes les nations, délivrez l'humanité !

Dieu, vous qui êtes le Témoin fidèle, délivrez l'humanité !

Dieu, vous qui êtes le Premier né d'entre les morts, délivrez l'humanité !

Dieu, vous qui êtes le Bon Berger, délivrez l'humanité

Dieu, vous qui est le Grand Souverain Sacrificateur, délivrez l'humanité !

Dieu, vous qui êtes Chef Suprême de l'Eglise, délivrez l'humanité !

Dieu, vous qui êtes le Saint Serviteur, délivrez l'humanité !

Dieu, vous qui êtes le Saint d'Israël, délivrez l'humanité !

Dieu, vous qui êtes le Législateur, délivrez l'humanité

Dieu, vous qui êtes l'Agneau Immolé, délivrez l'humanité !

Dieu, vous qui êtes le Chemin, la Vérité et la Vie, délivrez l'humanité !

Dieu, vous qui êtes Lumière du Monde, délivrez l'humanité !

Dieu, vous qui êtes le Lion de la Tribu de Juda, délivrez l'humanité !

Dieu, vous qui êtes le Seigneur de tous, délivrez l'humanité !

Dieu, vous qui êtes le Seigneur de Gloire, délivrez l'humanité !

Dieu, vous qui êtes le Prince de la Vie, délivrez l'humanité !

Dieu, vous qui êtes le prince de la Paix, délivrez l'humanité !

Dieu, vous qui êtes le Rédempteur, délivrez l'humanité !

Dieu, vous qui êtes la Résurrection et la Vie, délivrez l'humanité !

Dieu, vous qui êtes Créateur et Père des anges, délivrez l'humanité !

Dieu des Séraphins et des Chérubins, délivrez l'humanité !

Dieu des Trônes et des Vertus, délivrez l'humanité !

Dieu des Puissances, des Dominations et des Principautés, délivrez l'humanité !

Dieu des Archanges et des Anges, délivrez l'humanité

Dieu d'Abraham, d'Isaac et de Jacob, délivrez l'humanité !

Dieu de David et de Salomon, délivrez l'humanité !
Dieu de Joseph et de Jean le baptiste, délivrez l'humanité !
Dieu de tous les Patriarches, délivrez l'humanité !
Dieu de Moïse et d'Aaron, délivrez l'humanité !
Dieu d'Elie et d'Elisée, délivrez l'humanité !
Dieu d'Esaïe, de Jérémie, d'Ezéchiel, et Daniel, délivrez l'humanité !
Dieu de tous les Prophètes, délivrez l'humanité !
Dieu Josué et de Déborah, délivrez l'humanité !
Dieu de Gédéon et de Samson, délivrez l'humanité !
Dieu de tous les Juges, délivrez l'humanité !
Dieu de Judith et d'Esther, délivrez l'humanité !
Dieu de Pierre et Paul, délivrez l'humanité !
Dieu de Jean et Jacques, délivrez l'humanité !
Dieu de tous les Apôtres, délivrez l'humanité !
Dieu que servent les vrais Papes, Evêques et Prêtres, délivrez l'humanité !
Dieu que servent les vrais Religieux et Religieuses, délivrez l'humanité !
Dieu que servent en vérité et en esprit les Laïcs, délivrez l'humanité !
Dieu que servent les dévots et les consacrés, délivrez l'humanité !
Dieu que servent les Saints et les Martyrs, délivrez l'humanité !
Dieu que sert Marie mère de Jésus et Nôtre mère, délivrez l'humanité !
Dieu que j'adore et je vénère, délivrez l'humanité !
Dieu trois fois Saint, délivrez l'humanité !

V. Soyez miséricordieux pour nous, O Dieu
R. Et obtenez à l'humanité la délivrance.
Agneau de Dieu, qui efface les péchés du monde, pardonne-nous, Seigneur
Agneau de Dieu, qui efface les péchés du monde, exauce-nous, Seigneur
Agneau de Dieu, qui efface les péchés du monde, prends pitié de nous

Prions :

Dieu, Père et Eternel Tout puissant, nous venons vers Toi qui a tant aimé le monde jusqu'à en payer le prix fort pour son rachat. Prix fort que le monde ne peut concevoir à cause de son ignorance. O Dieu à cause de ce prix qui n'a pas de prix, prend pitié de ce monde qui se meurt et par ta grande miséricorde délivre-le du mal et du malin une ultime fois par Jésus le Christ notre Seigneur et Sauveur. Amen

7. LITANIE DU DIEU DE LA GUERRE.

Seigneur, ayez pitié de nous.

Christ, ayez pitié de nous.

Seigneur, ayez pitié de nous.

Christ, écoutez-nous.

Christ, exaucez-nous.

Père céleste, qui êtes Dieu, ayez pitié de nous.

Fils Rédempteur du monde, qui êtes Dieu, ayez pitié de nous.

Saint-Esprit, qui êtes Dieu, ayez pitié de nous.

Sainte Trinité, qui êtes un seul Dieu, ayez pitié de nous.

Dieu (Genèse 1:1), fais-moi justice et sauves-moi

Dieu puissant (Esaie 10:21), fais-moi justice et sauves-moi

L'Eternel des armées, fais-moi justice et sauves-moi

Le Créateur tout-puissant, dominateur suprême (Esaïe 51:15), fais-moi justice et
sauves-moi

 Maître du Cosmos Tout Entier (Esaïe 54:5), fais-moi justice et sauves-moi

Le Saint d'Israël- (Esaïe 1:4; Psaume 71:22), fais-moi justice et sauves-moi

Le Père- (Esaïe 63:16), fais-moi justice et sauves-moi

Le Sauveur- (Psaume 106:21), fais-moi justice et sauves-moi

Le tout puissant- (Genèse 17:1), fais-moi justice et sauves-moi

Le Dieu d'éternité- (Deutéronome 33:27), fais-moi justice et sauves-moi

Le Père des lumières- (Jacques 1:17), fais-moi justice et sauves-moi

La Forteresse (2 Samuel 22:2), fais-moi justice et sauves-moi

Le Père céleste- (Matthieu 6:26), fais-moi justice et sauves-moi

Je Suis (Exode 3:14), fais-moi justice et sauves-moi

L'éternel (Exode 6:3), fais-moi justice et sauves-moi

Le Juge (Genèse 18:25), fais-moi justice et sauves-moi

Le Dieu vivant (Josué 3:10), fais-moi justice et sauves-moi

Le Seigneur des seigneurs (Deutéronome 10:17), fais-moi justice et sauves-moi

Le Très-Haut (Deutéronome 32:8), fais-moi justice et sauves-moi

Le Dieu d'Israël (1chronique 29:10; Matthieu 6:10), fais-moi justice et sauves-moi

Notre force (Exode 15:2), fais-moi justice et sauves-moi

Seigneur (Exode 34:23), fais-moi justice et sauves-moi

Seigneur éternel (Genèse 15:2), fais-moi justice et sauves-moi

L'Adam (1corinthiens 15:45), fais-moi justice et sauves-moi

L'admirable (Esaie 9:6), fais-moi justice et sauves-moi

L'Avocat (1 Jean 2:1), fais-moi justice et sauves-moi

Celui qui est, qui était et qui vient(Apocalypse 1:8), fais-moi justice et sauves-moi

Jésus-Christ (Matthieu 1:1), fais-moi justice et sauves-moi

Le tout puissant (Apocalypse 1:8), fais-moi justice et sauves-moi

L'alpha et Oméga (Apocalypse 22:13), fais-moi justice et sauves-moi

L'amen (Apocalypse 3:14), fais-moi justice et sauves-moi

L'apôtre de notre confession (Hébreux 3:1), fais-moi justice et sauves-moi

Le Bras de L'Eternel (Esaie 51:9), fais-moi justice et sauves-moi

L'auteur de la foi, et celui qui la mène à la perfection (Hébreux 12:2), fais-moi justice et sauves-moi

L'auteur d'un salut éternel (Hébreux 5:9), fais-moi justice et sauves-moi

L'auteur de la création de Dieu (Apocalypse 3:14), fais-moi justice et sauves-moi

Le fils bien-aimé (Matthieu 12:18), fais-moi justice et sauves-moi

Le bienheureux et seul souverain (1timothée 6:15), fais-moi justice et sauves-moi

Le germe (Esaie 4:2), fais-moi justice et sauves-moi

Le pain de vie (Jean 6:35), fais-moi justice et sauves-moi

L'auteur du salut (Hébreux 2:10), fais-moi justice et sauves-moi

Le souverain pasteur (1 Pierre 5:4), fais-moi justice et sauves-moi

Le Christ de Dieu (Luc 9:20), fais-moi justice et sauves-moi

La Consolation d'Israël (Luc 2:25), fais-moi justice et sauves-moi

La pierre de l'angle (Psaume 118:22), fais-moi justice et sauves-moi

Le conseiller (Esaie 9:5), fais-moi justice et sauves-moi

Le Créateur (Jean 1:3), fais-moi justice et sauves-moi

Le soleil levant (Luc 1:78), fais-moi justice et sauves-moi

Le Libérateur (Romains 11:26), fais-moi justice et sauves-moi

La Convoitise de toutes les nations(Aggée 2:7), fais-moi justice et sauves-moi

La porte (Jean 10:7), fais-moi justice et sauves-moi

L'élu de Dieu (Esaie 42:1), fais-moi justice et sauves-moi

Père Eternel (Esaie 9:5), fais-moi justice et sauves-moi

Le Témoin fidèle (Apocalypse 1:5), fais-moi justice et sauves-moi

Le premier et le dernier (Apocalypse 1:18), fais-moi justice et sauves-moi

Le premier né d'entre les morts (Apocalypse 1:5), fais-moi justice et sauves-moi

Le précurseur (Hébreux 6:20), fais-moi justice et sauves-moi

La gloire de l'Eternel (Esaie 40:5), fais-moi justice et sauves-moi

Dieu (Esaie 40:3; Jean 20:28), fais-moi justice et sauves-moi

Dieu béni (Romains 9:5), fais-moi justice et sauves-moi

Le bon berger (Jean 10:11), fais-moi justice et sauves-moi

Le prince (Matthieu 2:6), fais-moi justice et sauves-moi

Le grand souverain sacrificateur (Hébreux 4:14), fais-moi justice et sauves-moi

Le chef suprême de l'église (Ephésiens 1:22), fais-moi justice et sauves-moi

L'héritier de toutes choses (Hébreux 1:2), fais-moi justice et sauves-moi

Le saint serviteur (Actes 4:27), fais-moi justice et sauves-moi

Le saint (Actes 3:14), fais-moi justice et sauves-moi

Le saint se Dieu (Marc 1:24), fais-moi justice et sauves-moi

Le saint d'Israël (Esaie 41:14), fais-moi justice et sauves-moi

Je suis (Jean 8:58), fais-moi justice et sauves-moi

L'image de Dieu (2 Corinthiens 4:4), fais-moi justice et sauves-moi

Emmanuel (Esaie 7:14), fais-moi justice et sauves-moi

L'Eternel (Esaie 26:4), fais-moi justice et sauves-moi

Jésus (Matthieu 1:21), fais-moi justice et sauves-moi

Jésus de Nazareth (Matthieu 21:11), fais-moi justice et sauves-moi

Celui qui domine sur Israël (Michée 4:14), fais-moi justice et sauves-moi

Le juste (Actes 7:52), fais-moi justice et sauves-moi

Le roi (Zacharie 9:9), fais-moi justice et sauves-moi

Le roi des siècles (1 Timothée 1:17), fais-moi justice et sauves-moi

Le roi des juifs (Matthieu 2:2), fais-moi justice et sauves-moi

Le Roi des rois (1 Timothée 6:15), fais-moi justice et sauves-moi

Le Roi des nations (Apocalypse 15:3), fais-moi justice et sauves-moi

Le législateur (Esaie 33:22), fais-moi justice et sauves-moi

L'agneau (Apocalypse 13:8), fais-moi justice et sauves-moi

L'agneau de Dieu (Jean 1:29), fais-moi justice et sauves-moi

L'agneau immolé (Apocalypse 5:12), fais-moi justice et sauves-moi

Le conducteur (Esaie 55:4), fais-moi justice et sauves-moi

Le chemin, la vérité et la vie (Jean 14:6), fais-moi justice et sauves-moi

La lumière du monde (Jean 8:12), fais-moi justice et sauves-moi

Le lion de la tribu de Juda (Apocalypse 5:5), fais-moi justice et sauve-moi

Le Seigneur (Matthieu 7:21), fais-moi justice et sauve-moi

Le Seigneur de tous (Actes 10:36), fais-moi justice et sauve-moi

Le Seigneur de gloire (1 Corinthiens 2:8), fais-moi justice et sauve-moi

Le Seigneur des seigneurs (1 Timothée 6:15), fais-moi justice et sauve-moi

L'Eternel notre justice (Jérémie 23:6), fais-moi justice et sauve-moi

La tête du corps de l'Eglise (Colossiens 1:18), fais-moi justice et sauve-moi

L'homme De Douleur (Esaïe 53:3), fais-moi justice et sauve-moi

Le Médiateur (1timothée 2:5), fais-moi justice et sauve-moi

Le Messager de l'alliance (Malachie 3:1), fais-moi justice et sauve-moi

Le Messie, L'oint (Deutéronome 9:25; Jean 1:41), fais-moi justice et sauve-moi

Le Dieu Puissant (Esaïe 9:5), fais-moi justice et sauve-moi

Le Puissant de Jacob (Esaïe 60:16), fais-moi justice et sauve-moi

L'étoile brillante du matin (Apocalypse 22:16), fais-moi justice et sauve-moi

Le Nazaréen (Matthieu 2:23), fais-moi justice et sauve-moi

Le Fils Unique (Jean 1:18), fais-moi justice et sauve-moi

Notre Pâque (1 Corinthiens 5:7), fais-moi justice et sauve-moi

Le Souverain des rois de ta terre (Apocalypse 1:5), fais-moi justice et sauve-moi

Le prince de la vie (Actes 3:15), fais-moi justice et sauve-moi

Le prince de la paix (Esaïe 9:5), fais-moi justice et sauve-moi

Le prophète (Luc 24:19), fais-moi justice et sauve-moi

Le Rédempteur (Job 19:25), fais-moi justice et sauve-moi

La résurrection et la vie (Jean 11:25), fais-moi justice et sauve-moi

Le rocher (1 Corinthiens 10:4), fais-moi justice et sauve-moi

Le rejeton et la postérité de David (Apocalypse 22:16), fais-moi justice et sauve-moi

Le sauveur (Luc 2:11), fais-moi justice et sauve-moi

La descendance de la femme (Genèse 3:15), fais-moi justice et sauve-moi

Le fils du Dieu béni (Marc 14:61), fais-moi justice et sauves-moi

Le fils de David (Matthieu 1:1), fais-moi justice et sauve-moi

Le fils de Dieu (Matthieu 2:15), fais-moi justice et sauve-moi

Le fils du Très-Haut (Luc 1:32), fais-moi justice et sauve-moi

Le fils de l'homme (Matthieu 8:20), fais-moi justice et sauve-moi

Le soleil de justice (Malachie 3:20), fais-moi justice et sauve-moi

La véritable lumière (Jean 1:9), fais-moi justice et sauve-moi

La lumière des hommes (Jean 1:4), fais-moi justice et sauve-moi

Le vrai cep (Jean 15:1), fais-moi justice et sauve-moi

Le témoin (Esaïe 55:4), fais-moi justice et sauve-moi

La parole (Jean 1:1), fais-moi justice et sauve-moi

La parole de Dieu (Apocalypse 19:13), fais-moi justice et sauve-moi

Le pasteur (1 Pierre 5:4; Hébreux 13:20), fais-moi justice et sauve-moi

Prions : Eternel des Armées, Dieu de la guerre, qui est comme Toi ! Tu voles au secours de ton peuple par amour pour lui. Ecoute donc les cris de celui-ci qui est envahi et assailli par l'ennemi. Jamais on n'a entendu dire que tu as perdu une guerre. Alors quel que soit leur nombre et leur force, que par ta main, mille tombe à ma gauche et dix-mille à ma droite. Que leurs armes lancées contre moi retombent sur eux. Qu'ils périssent de la mort qu'ils ont planifié pour moi. Qu'ils souffrent des maux qu'ils ont projetés contre moi. Je me suis retourné vers Toi qui es ma seule force, et tu me délivres du filet de mes ennemis. Tu me guéris et me restaures au-delà de mes attentes. Qui est comme Toi ! Ô Dieu de la guerre ! Fais ma joie et mon bonheur au nom de Jésus. Amen

Chapitre IV:
PSAUMES A LA TRES SAINTE VIERGE MARIE

Psaume N°1 :

Je t'imagine comme tu es et je rêve. Je devine ta splendeur et ta beauté. Cet exercice, je le pratique tous les jours de ma vie. Aujourd'hui je réussis à élever mon esprit vers les profondeurs des cieux, je te cherche et je ne te trouve pas, je fouille le cosmos à ta recherche et je ne te trouve pas. Je reviens sur la terre, je te cherche dans les grottes, tu n'y es pas, dans les montagnes et les forêts, tu n'y es pas, dans les eaux et dans les airs tu n'y es pas. Alors je me fatigue et je m'endors. Soudain tu viens à moi. Merveille des merveilles tu es et rien ne t'es comparable ici-bas et même dans l'ensemble du cosmos. Le soleil te recouvre et tu as la lune à tes pieds. Ta couronne c'est le firmament et au-dessus d'elle, les douze étoiles les plus brillantes de l'univers. Je sursaute et je me réveille. Oh quel honneur vous me faites là! Seul mon esprit pouvait supporter ce que j'ai vu là. Merci mon Dieu parce que tu l'as faite aussi belle que ta demeure. Tu t'es plu en elle comme en ta demeure. Ton ombre la recouvre et ton Esprit siège en elle. Je comprends maintenant où te chercher mon Dieu. Oui Tu as fait d'elle ta demeure et qui la trouve te trouve. Tu montres aux hommes O Dieu que ta demeure c'est en Marie et ton siège c'est son cœur. Merci de révéler ce mystère au petit puisqu'il a été longtemps caché au sage. Maintenant je suis fou, fou de Marie. Et comme tu l'as aimé Seigneur avant moi, puisses-tu me permettre de l'aimer autant que tu l'aimes. Amen

Psaume N°2 :

Je suis fatigué de la vie, je n'en peux plus et ma vie ne tient plus qu'à un fil. Ma croix est lourde, très lourde. De qui me viendra la délivrance ? J'ai beaucoup prié, et je n'ai reçu aucune réponse. Au contraire, ma vie se dégrade, elle va de mal en pire. Une énième fois je m'interroge sur le pourquoi et le comment du pourquoi et je crie : mon Dieu, mon Dieu ! Pourquoi m'as-tu abandonné ?
Voici que quelqu'un semble m'avoir écouté. Mes yeux s'ouvrent et je vois une main si belle et si douce. Est-ce un ange ? Peut-être. Est-ce une femme ? C'est sûr. Puis j'entends une douce voix de femme qui me laisse sans voix en me disant : « Mon fils tiens bon, tu es presque au sommet de la colline. N'abandonne pas je suis avec toi et je t'aime ». Revenu à moi, j'oublie mon mal, j'oublie ma douleur, j'oublie ma peine. L'espoir renait, le salut me vient d'une femme. Une femme pas comme les autres. C'est Marie la vierge de Nazareth, la Très sainte. Oh comment se fait-il que la mère de mon

Seigneur vienne jusqu'à moi. Mon esprit tressaillit et je décide de tenir bon. Mon entourage me voit sourire de nouveau et s'étonne puisque mon visage rayonne. Je viens de rencontrer la lumière qui a engendré la Lumière et cette lumière m'a transfiguré. Amen alléluia je vis. Que je mange ou pas je vis. Que je travail ou pas je vis. Que je sois en santé ou pas je vis. Que l'on m'aime ou pas je vis. Je chanterai pour toi ô amour qui me redonne espoir, je prierai avec toi beauté incomparable. Aujourd'hui, je m'abandonne à tout ce que tu représentes et disposes de moi comme il t'en plaira. Jamais je ne t'oublierai et comment pourrais-je ? Tu es la plus belle chose qui me soit arrivée et cela me suivra dans l'éternité. Amen

Psaume N°3 :

A quoi pourrais-je te comparer ? O très sainte Mère ! Tu es le bonbon de Dieu, le chocolat des anges, le lait et le miel des saints. Tu es le porte bonheur des hommes et la chance de ceux qui t'invoquent. Tu es la bienfaitrice de ceux qui te connaissent, tu es tout pour ceux qui t'ouvrent la porte de leur cœur. Mère des mères et parmi les mères ; Reine des reines et parmi les reines ; Avocat de ceux qui t'appellent, pendant leur vie et surtout au jugement ; amour au cœur de l'Amour ; Défenseur du genre humain ; Médiatrice parmi le médiateurs ; Trésor des trésors ; Bonté et miséricorde. O si le monde savait, l'humanité pourrait. Tes réalités s'imposent à tous et tu es le véritable ennemi de l'adversaire de Dieu, toi et tous tes enfants. Humanité réjouis-toi car la victoire est acquise à ta mère. Réjouis-toi humanité car le royaume de Dieu entre dans le monde par ta mère. Réjouis-toi parce que, le salut et la lumière sont entrés dans le monde par ta mère. Sais-tu qu'elle a sauvé le monde en même temps que son Fils, le Fils de Dieu ? Sais-tu qu'elle continue à défendre et à sauver le monde aujourd'hui ? Sais-tu que le bonheur, la paix et la joie te seront redonnés par elle ? Il y a bien de choses que tu ignores. Rapproche toi d'elle et tu sauras, écoute-la et tu verras, laisse-toi enseigner et guider par elle et tu vivras. Ne cesse pas Mère de mon Dieu de faire du bien à l'humanité, ne cesse pas d'intercéder pour les hommes tes enfants auprès de ton Fils, ne cesse jamais de nous sanctifier, de nous purifier et de nous purger. Ne cesse jamais de nous protéger et de veiller sur nous. Merci pour tout et amen.

Psaume N °4 :

Tu es toute belle, O sainte mère de Dieu. Je t'aime comme jamais j'ai aimé. Sur ma couche tu murmures le bonheur dans le creux de mon oreille. Dans mes rêves tu m'embrasses tendrement sur mon front. Pendant que je prie, tu impactes l'énergie, le souffre, le feu et la lumière sur ma fontanelle. Impur, je le suis, indigne c'est mon nom.

Cependant, tu ne regardes pas mes péchés et ta grâce me surprend. Tu m'enseignes ce qu'est l'amour et tu m'aimes comme personne, sans calcul. Venez voir mes amis et dites-moi ce que vous comprenez dans cette relation amoureuse et intime que m'es donné de vivre avec la mère de mon Dieu. Quelle grâce ! Tu fais de moi un privilégié, un élu particulier, un ange. Tu pleures avec moi et pour moi quand je suis éprouvé, tu me soutiens et tu m'aides dans les moments difficiles, tu me bénis et fais mon bien. Je suis comblé, tu me fais boire les eaux du Jourdain céleste et manger les fruits du verger céleste. Ta cruche d'eau me purifie en permanence, et ton écho transfigure tout mon être. Tu me présentes au Père et il m'agrée, tu me présentes au Saint-Esprit et il me revêt d'un manteau doré, tu me présentes au Fils et il me fait roi. Grande est ma joie, je suis débordé par la grâce et l'amour véritable, je suis dans un nuage. J'ai envie de crier « Qui est comme Dieu ! » Je salue cet amour qui est vrai, unique en son genre et éternel. Amen

Psaume N°5 :

La première fois que tu as posé tes yeux sur moi, Dieu exauça ton vœu de faire de moi ton premier. Prier Dieu pour moi était ton seul réconfort. Tu es bonne mère et tu m'aimeras toujours, je le sais maintenant. J'ai eu et je suis allé vers d'autres mères, mais personne n'est comme toi, je t'ai tourné le dos pour vénérer d'autres mères et elles m'ont donné du lait empoisonné. Malade et insatisfait j'ai crié vers toi et tu as eu pitié de moi. Je suis rentré vers toi et les portes de ta maison sont restées ouvertes pour moi. Tu m'as recueilli, j'ai pleuré mourant que j'étais, tu as essuyé les larmes de mes yeux, tu m'as guéris et tu m'as donné de ton lait. Ton lait c'est la vie, c'est la santé, c'est la prospérité, c'est le bonheur, c'est l'harmonie et c'est la paix. J'avais trébuché et je suis tombé dans les abimes à cause des mauvais désirs de mon cœur et tu ne m'as point abandonné. Tu es allée au combat pour me sauver et tu as versé ton sang pour ma vie par les blessures que tu as eu au talon. Tu me parles de l'amour et tu me le fais découvrir. Tu pries pour que jamais je ne retombe, pour que jamais tout ce qui est vanité ne me séduise de nouveau. O toi seule peux aimer comme une mère doit aimer, parce que tu es la Mère. Quelque soit le lieu, où le Père m'appelle à servir, quelque soit ma tâche, j'irai et je le ferai avec l'assurance car tu seras toujours là pour moi, priant et intercédant, me conseillant et me protégeant. Le Père attend de moi que je sois un homme et tout mon défi est de lui prouver que je le suis, mais toi ma mère tu connais mes peurs, tu connais mes faiblesses et je me confie à toi ô mère pour que tu prennes les devants pour moi, pour me défendre ô avocate par excellence, et pour m'obtenir toutes les faveurs, tous les dons et toutes les grâces qui me seront nécessaires dans l'accomplissement de ma mission. Amen

Psaume N°6 :

Tu viens dans l'ouragan du midi et je tremble de peur, j'ai en même temps très chaud. Ta présence m'emmène simultanément dans les pôles et au cœur de la terre en fusion. C'est la confusion puisque le plus et le moins fusionnent et au point de fusion, mon âme est redimensionnée et mon ADN reçoit une nouvelle identité. Tu me souris et j'entre dans une grande joie. Comme une étoile tu me guides dans la nuit, comme le vent tu n'es jamais loin de moi. Dans la lumière tu me parles et dans les ténèbres tu me tends les bras. Et si je suis aveuglé ou si je suis enchainé, du moment où je désire ton aide et que je manifeste la volonté de faire demi-tour, tu dissipes les ténèbres, tu me délivres et me sauves. Non la fuite n'est plus à l'ordre du jour, tu mets entre mes mains une épée de lumière et tu m'entraines au combat. Je prends mes responsabilités et j'affronte mes peurs. Souvent je prends des coups, mais avec de l'exercice, je deviens avec ton aide un véritable guerrier. Tu m'as donné toutes les armes et aujourd'hui je suis prêt. Comme toi je cours maintenant au secours du reste de tes enfants mes frères et je fais pour eux ce que tu as fait pour moi. Sains et saufs je les ramène à la maison pour la plus grande gloire de Dieu. Je suis un soldat de Dieu et je tiens fort mon épée de feu. Fils de l'Immaculée je remporte bataille après bataille et la victoire est acquise à ma mère l'Immaculée et à ses enfants. Qui est comme Dieu ! Amen

Psaume N°7 :

Ton Dieu mère sera mon Dieu, ton fils sera mon Roi et tes vertus seront autant de boulevards qui mènent au cœur de Dieu. Tu es la botte secrète des grands hommes de Dieu. Ta lumière éclaire l'humanité et tes prières soutiennent les fondations du monde. Ton écho impacte fortement l'âme de la terre et la redimensionne. C'est une nouvelle ère pour l'humanité. Ici la volonté de Dieu se fait comme au ciel ; Ici les choses sont faites comme au ciel ; Ici l'amour, la fraternité, la paix, l'harmonie et la joie s'imposent à tous. Plus de pleurs, plus de maladies, plus de guerres. La mauvaise envie, la convoitise, la jalousie et la haine ont disparu. C'est ton ère mère, c'est le Règne de Dieu qui est venu au monde par toi qui s'est matérialisé et qui a pris forme. Tu es restée en travail depuis le jour de ton OUI jusqu'aujourd'hui. Alors sois bénie mère, sois louée, sois acclamée, sois élevée et règne. Règne avec tes fils, les héritiers du Christ. Allo Jésus, je te salue mon Roi, mon Dieu je salue ta sagesse. A toi le Règne, la Puissance et la Gloire pour des temps et des temps, d'éternité en éternité.

Table des matières